Die

Einkommen- und Vermögensbesteuerung der Ausländer und Forensen

in

Preußen - Sachsen - Oldenburg, Württemberg - Baden - Hessen.

Nach Quellen bearbeitet

von

Hugo Kramer,
Doktor der Staatswissenschaften.

Springer-Verlag Berlin Heidelberg GmbH 1909

ISBN 978-3-662-38607-1 ISBN 978-3-662-39463-2 (eBook)
DOI 10.1007/978-3-662-39463-2
Universitäts-Buchdruckerei von Gustav Schade (Otto Francke) Berlin N. 24
und Fürstenwalde (Spree).

Vorwort.

Wer sich eingehender mit den Staatssteuergesetzen unserer deutschen Bundesstaaten beschäftigt, der wird bald erkennen: daß, obschon die Finanzwissenschaft von jeher lehrt, daß nur unter Beobachtung bestimmter Grundsätze eine gerechte — d. h. von allen Schultern gleichmäßig getragene — Steuer zu erwarten sei, die Praxis noch wenig von der Theorie übernommen hat.

Abgesehen davon, daß die nach den verschiedensten Grundsätzen aufgestellten Einkommens- und Vermögenssteuergesetze unserer Einzelstaaten eine etwaige Reichsvermögens- oder gar Reichseinkommensteuer gänzlich ausschließen, werden die gegenwärtigen Verhältnisse die schon so empfindliche kommunale Doppelbesteuerung bei stetig zunehmender Fluktuation der Bevölkerung noch steigern. Man ist augenblicklich bemüht, Übelstände genannter Art zu heben, das zeigt uns der Bericht der Kommission zur Vorbereitung des Gesetzes zur Abänderung des Doppelsteuergesetzes vom 13. Mai 1870 (Nr. 1105 der Drucksachen des Reichstages), wo man „zur Beseitigung der kommunalen Doppelbesteuerung — Anknüpfung und Durchführung bundesfreundlicher Verhandlungen — sowie Vereinbarungen vorschlägt und geeignet erachtet, die gleichzeitiges und gleichartiges, entsprechendes Vorgehen der einzelnen Landesgesetzgebungen im Gefolge haben“. Wir sind der Ansicht, daß lediglich auf dem Wege von „Vereinbarungen“ für unsere Frage wenig Positives erzielt werden wird, wenn nicht in der Steuerpolitik die Grundsätze „gerechten Entgelts“ sowie „gleicher Opfer“ zur Anwendung kommen. Gerade der Versuch, einen Beitrag zur Lösung des Problems der Besteuerung der Ausländer und Forensen zu geben, hat uns von der Bedeutung der erwähnten theoretischen Ansicht für die Steuerpolitik überzeugt.

Finanzamtmann Fischer steht in seiner kürzlich erschienenen Schrift: „Die Doppelbesteuerung in Staat und Gemeinde, eine Untersuchung über die Besteuerung der Bundesverwandten und Ausländer sowie der Forensen etc.“ (Heymann 1909), bei deren Erscheinen unsere Untersuchung schon abgeschlossen war, auf grundsätzlich anderem Standpunkt wie Verfasser vorliegender Arbeit. Fischer, der die Steuer lediglich nach Maßgabe persönlicher Leistungsfähigkeit auferlegt wissen will, dagegen eine Steuer, bemessen nach Maßgabe wirtschaftlicher Zugehörigkeit der Individuen zu Staat und Gemeinde (nach dem Interesse) nur sehr beschränkt anerkennt, kommt in der Frage der Einkommensbesteuerung der Ausländer und Forensen zu dem Resultat, daß Forensen überhaupt nicht durch Personalsteuern (S. 111) sondern lediglich durch Objektsteuern belastet werden sollen. Daß dieser Vorschlag der Hauptforderung in Steuerfragen: einer gerechten Verteilung der Lasten auf alle Schultern — einem gerechten Opferausgleich (Neumann) — widerspricht, glauben wir in vorliegender Abhandlung verschiedentlich bewiesen zu haben. Ferner können wir uns mit einer progressiven allgemeinen Einkommensteuer, „welche ohne Ausnahme (!) das ganze Einkommen des einzelnen, auch das von auswärts bezogene zu erfassen hat“ (S. 111), nicht befreunden, weil sie eine Doppelbesteuerung der In- und Ausländer sanktioniert, und zu bedenklichen volkswirtschaftlichen Zuständen führen muß.

Vorliegende Arbeit hat der Verfasser auf Anregung von Prof. Dr. Friedrich Julius von Neumann, Tübingen, begonnen. Meinem hochgeschätzten Lehrer sei an dieser Stelle aufrichtig gedankt. Ebenso sei gebührend gedankt Herrn Prof. Dr. Joh. Fuchs für die bereitwillige Übernahme des Referats dieser Arbeit.

Es erübrigt mir, noch das Entgegenkommen der Behörden, besonders auch der Ständischen Bibliothek in Stuttgart zu erwähnen, die mir das notwendige Gesetzesmaterial in liberaler Weise zur Verfügung stellten.

Fulda, Ostern 1909.

Der Verfasser.

Inhaltsverzeichnis.

3. Kapitel: Seite

4. Kapitel:

5. Kapitel: **(Schluß):**

Quellen.

Fr. Jul. Neumann, Die progressive Einkommensteuer im Staats- und Gemeindehaushalt. Leipzig 1874 (anastatischer Neudruck 1904).

— Die Kommunalsteuerfrage. Jahrbuch für Gesetzgebung 1877, S. 589.

— Die Steuer. Band I, 1887.

Fritz Fleiner, Öffentliche rechtliche Vorteilsausgleichung. Basel 1904.

Gustav Cohn, Über Straßenbaubeiträge. Verwaltungsarchiv, Band VII, S. 537.

Berner, Die indirekten Steuern und der Steuerbegriff, Annalen des D. Reiches 1905, S. 881.

Schriften des Vereins f. Soz. Politik, Zehn Gutachten über die Kommunalsteuerfrage, 1887.

Handwörterbuch der Staatswissenschaften, Artikel: Einkommensteuer, Vermögensteuer, Kommunalfinanzen.

von Holtzendorff, Enzyklopädie der Rechtswissenschaft. 6. Aufl. 1904.

Ferner neben amtlichem Material.

Finanz-Archiv, Zeitschrift für das gesamte Finanzwesen (Herausgeber Dr. Georg Schanz).

Fuisting, Kommentar zum preuß. Einkommensteuergesetz. 7. Auflage, Berlin 1907.

Schmidt, Systematisch-kritische Darstellung der in Deutschland bestehenden allgem. Eink.-St.-Gesetze 1900.

Burkart, Die bestehenden Einkommensteuern. Hirths Annalen 1877.

Jastrow, Die Vermögensteuer und ihre Einfügung in das preußische Steuersystem. Jahrb. f. Nat. u. Statistik 1892.

Wachler, Das sächsische Eink.-Steuer-Gesetz v. 24. Juli 1900. Leipzig 1904.

G. Schanz, Die direkten Steuern Hessens. Finanz-Archiv, Band II, 1885.

Adolf Wagner, Die Reform der direkten Staatsbesteuerung in Preußen im Jahre 1891. Finanz-Archiv VIII, 1891, u. XI.

Adickes, Studien über die weitere Entwicklung des Gemeinde-Steuerwesens. Zeitschrift f. d. ges. Staatsw. 1894.

Antoni, Die Steuersubjekte. Finanz-Archiv 1888.

Strutz, Die preuß. Steuerreform. Hirths Annalen 1894, S. 207.

Wiedemann, Die Gemeindebesteuerung der Forensen. „Selbstverwaltung" 1887. (R. Faber, Magdeburg.)

von Nostitz-Wallwitz, Die Kommunalbesteuerung in den Vororten. Fischers Zeitschrift für Gesetzgebung in Sachsen, Leipzig 1900.

Oppe, Zur Reform des Gemeindesteuerwesens. Ebenda, Band 25.

Wachler, Erfahrungen und Wünsche im Abgabenwesen. Ebenda, Band 25.

Freund, Über die Abwanderung von Steuerzahlern aus der Stadt in die Vorortgemeinden und über die Petition der Stadt Berlin um Ausdehnung des Forensalsteuerrechts auf das Einkommen aus gewinnbringender Beschäftigung. Preuß. Verw.-Blatt 18, Nr. 50.

Strutz, Die Gemeindebesteuerung des Einkommens aus ausländischem Grundbesitz und Gewerbebetrieb in Deutschland. Verw.-Archiv 1896, S. 262.

— Die Gemeindesteuerreform-Versuche in Sachsen und Hessen (eine Parallele zum preußischen KAG.). Verw.-Archiv 1906, S. 545.

L. Herrfurth, Das preußische Kommunalsteuer-Notgesetz vom 27. Juli 1885. Finanz-Archiv III, 1886.

— Die Heranziehung der Versicherungsgesellschaften zu den Gemeindeabgaben in Preußen. Berlin 1880.

Lindemann, Die auf die Kommunalbesteuerung bezüglichen Gesetze, wie sie in den älteren Provinzen des preußischen Staates in Geltung sind. Dortmund 1886.

G. A. Grotefend, Die Grundsätze des Kommunalsteuerwesens in dem preußischen Staate. 1874.

Freund-Noll, Das Kommunalabgabengesetz v. 14. Juli 1893. 6. Auflage. Berlin 1907.

v. d. Mosel, Recht der Gemeindebesteuerung in Sachsen. Leipzig 1905.

von Bosse, Die Gemeindebesteuerung in Sachsen.

M. Biermer, Die kommunale Vermögensbesteuerung in Hessen. 1905.

A. Wagner, Kommunale Steuerfragen. Jena 1904. } Schr. d. Ges. f. Soz. Reform.
Dr. Preuß, Kommunale Steuerfragen, Heft 15. }

Rothenacker, Zur Einführung einer Vermögensteuer in Baden. 1906.

Otto Gerlach, Gemeindesteuerrecht. 1905.

Schoen, Das Recht der Kommunalverbände in Preußen. 1897.

„Resolution der Frage, ob eine Forensis oder Außmann, welcher Güther, so der Landschaft incorporiert sind, hat, mit Amtsschaden-Umlagen belegt werden können? 1660? Aus der Sammlung „rechtlicher Bedenken". „Ständische Bibliothek", Stuttgart.

Einleitung.

Das Reichsgesetz vom 13. Mai 1870 wegen Beseitigung der Doppelbesteuerung (DBG.) in seiner grundsätzlichen Bedeutung für Staat und Gemeinde.[1])

Aus dem Umstand, daß die Einkommensquellen und Vermögensteile einer Person sehr häufig in verschiedenen Staaten oder Gemeinden ihre werbende Kraft zur Geltung bringen, entsteht ein schwieriges Problem für die steuerberechtigten Körperschaften, insofern die Ausübung des Steuerrechts in solchen Fällen leicht eine Doppelbesteuerung mit sich bringt.

Besonders seit Einführung der Gewerbefreiheit und Freizügigkeit entstand diese Schwierigkeit für die Steuerpolitik, denn damals trat in den deutschen Staaten eine schnelle Mischung der Bevölkerung ein; zahlreiche mit dem Heimatstaat noch durch die Staatsangehörigkeit oder durch wirtschaftliche Interessen verbundene Personen nahmen in einem anderen Staate Aufenthalt, Wohnsitz und Erwerb.

Der Mangel eines diesen Verhältnissen Rechnung tragenden Prinzips, welches den Finanzgewalten die ihnen zustehenden Steuerkräfte ausschließlich sicherte, machte sich geltend. Die gleichzeitige Anwendung des Prinzips der Belastung nach Maßgabe rechtlicher und persönlicher Zugehörigkeit brachte unhaltbare Zustände in der Anwendung der Subjektsteuern mit sich.

Die Motive zum DBG. charakterisieren die Ergebnisse der Gesetzgebung jener Zeit mit den Worten:

---

[1]) Vgl. auch Schanz, Steuerpflicht, im Finanz-Archiv 1892; Clauß, Das Reichsgesetz vom 13. Mai 1870; Finanz-Archiv 1888.

„Nach den Steuergesetzen der meisten Staaten des Norddeutschen Bundes werden

a) sowohl die eigenen Staatsangehörigen, welche sich in einem andern Staate, als auch die Angehörigen fremder Staaten, welche sich im Inlande aufhalten,

b) das den eigenen Staatsangehörigen aus ausländischen und das den Angehörigen fremder Staaten aus inländischen Quellen zufließende Einkommen, in jedem Bundesstaate zu den persönlichen, direkten Steuern herangezogen."

Das Doppelbesteuerungsgesetz vom 13. Mai 1870, welches grundsätzlich von ganz anderen Gesichtspunkten ausging, brachte Besserung in diesen Dingen. In § 1 dieses Gesetzes — „ein Deutscher darf vorbehaltlich der Bestimmungen in den §§ 3 und 4 zu den direkten Staatssteuern nur in demjenigen Bundesstaate herangezogen werden, in welchem er seinen Wohnsitz hat", wird das bisher in erster Linie verfolgte Prinzip der Besteuerung nach Maßgabe „rechtlicher Zugehörigkeit" (Staatsangehörigkeit) zur Seite geschoben und ersetzt durch jenes der „wirtschaftlichen Zugehörigkeit" (Entgeltsprinzip).

Es wird den Staaten durch § 1 das Recht zugesprochen, das Gesamteinkommen jeder Person, welche in ihren Grenzen lebt, ohne Rücksicht auf ihre Staatsangehörigkeit, der Steuer zu unterwerfen, und zwar deshalb, „weil der Steuerpflichtige hauptsächlich in diesem Staate (Wohnsitzstaat) den staatlichen Schutz genießt und dort an den gemeinnützigen Anstalten teilnimmt" (Worte der Motive zum DBG.).

Wird durch diesen Grundsatz einer Belastung nach Maßgabe wirtschaftlicher Zugehörigkeit einerseits eine gerechtere Umgrenzung des Kreises der steuerpflichtigen Subjekte erzielt (Ausländer), so verbürgt er andererseits eine gerechtere Überweisung der Steuerkräfte an die berechtigten Verbände. Folgerichtig überlassen denn auch die §§ 3 und 4 des DBG. das Einkommen aus Grundbesitz, Gewerbebetrieb, Gehalten usw. zur Besteuerung unter allen Umständen dem Staate der Entstehung (Besteuerung der Forensen[1]).

---

[1]) Es sei hier darauf hingewiesen, daß in der Kommission zur Beratung der Novelle des DBG. kürzlich dem DBG. eine andere Grundregel

Die öffentlichen Verbände haben somit die Sicherheit, daß alle Steuerkräfte, welche unter ihrem Schutze sich entfalten, ihnen auch ausschließlich für die Besteuerung überlassen bleiben.

Obschon nach alledem das DBG. in vorzüglichem Maße es erreicht hat, die Staaten sowohl wie die Steuersubjekte vor den Nachteilen und Härten der Doppelbesteuerung zu schützen, so ist das Gesetz insofern lückenhaft, als es einerseits die Besteuerung der Reichsausländer unberührt läßt, andererseits nicht bindend ist für die Gemeinden. Die Folge war, daß die spätere kommunale Steuergesetzgebung oft mit dem Grundprinzip des DBG. im Widerspruch stand und ausschließlich dem alten Grundsatz der Belastung nach Maßgabe rechtlicher Zugehörigkeit huldigte. Daß man bei den Verhandlungen zum DBG. es durchaus für notwendig hielt, auch den Reichsausländer nach denselben Grundsätzen zu belasten wie den Reichsdeutschen, also nach Maßgabe seiner wirtschaftlichen Beziehungen zum Aufenthaltsstaate, geht z. B. aus den Worten von Patows hervor: „Das Recht, sagt er, das Einkommen eines in Preußen wohnenden Engländers oder Franzosen aus ausländischen Erwerbsquellen zu besteuern, wird uns durch das DBG. nicht genommen; ich möchte aber wünschen, daß wir von diesem Rechte keinen strengen Gebrauch machen, weil ich glaube, daß es den Beziehungen, welche heutigentages auch zwischen

---

unterlegt worden ist, es heißt dort: (vgl. Drucksachen 1105) nach der Grundregel des DBG. soll jeder Steuerpflichtige von dem Staate und nur von dem Staate besteuert werden, in dessen Gebiet er seinen Wohnsitz hat. Aus zwingenden Gründen sei hiervon im § 3 für die Besteuerung des Grundbesitzes und des Gewerbebetriebes und des Einkommens aus diesen Quellen eine Ausnahme gemacht worden.“ Wir glauben aus den von uns oben zitierten Motiven des Gesetzes schließen zu dürfen, daß man mit dem DBG. hat erreichen wollen, daß jeder Deutsche nach Maßgabe seiner „wirtschaftlichen Zugehörigkeit“ zu den Staatssteuern herangeholt werden soll, woraus sich dann auch ganz natürlich ergibt, daß der Staat des Wohnsitzes das Gesamteinkommen mit Ausnahme jener Einkommensquellen besteuert, die in anderen Staaten entstehen. § 3 des Gesetzes ist für uns nicht der Ausfluß „zwingender Gründe“, sondern die Folge des Prinzipes.

den nicht durch ein vertragsmäßiges Verhältnis, wie es der Bundesvertrag ist, verbundenen Staaten besteht, eine solche Besteuerung entschieden entgegen ist und daß es zur Reklamation führen würde, wenn man die Sache auf die Spitze treiben und bei einem hier wohnenden Engländer das Einkommen, welches er in England aus den dort belegenen Ländereien oder den dort betriebenen Gewerben bezieht, hier speziell ermitteln und zur Einkommensteuer heranziehen wollte."

Der Versuch, die Reichsausländer unter die Bestimmungen des Gesetzes zu bringen, scheiterte. Die Folge davon war, daß ihre Besteuerung in den deutschen Bundesstaaten erst nach vielen Versuchen zu einer gerechten sich gestaltete (vgl. ersten Abschnitt, Kapitel 1).

Wie schon angedeutet, sind auch die vom DBG. eximierten Gemeinden in ihrer Steuerpolitik nur langsam dem Grundsatz „gerechten Entgelts" gefolgt; streng hielt man zunächst auch hier in vielen Staaten an dem alten System der Besteuerung des Gesamteinkommens der Gemeindeglieder, ohne Rücksicht auf den Ort der Entstehung des Einkommens, fest.

In Preußen war bis zum Inkrafttreten des KAG. die kommunale Besteuerung des Einkommens aus außerpreußischem Grundbesitz und Gewerbebetrieb nicht einmal für den ganzen Staat einheitlich geregelt. Das sog. K. Steuer-Notgesetz vom 27. Juli 1885 traf Bestimmungen über Freilassung des Einkommens aus auswärtigem Grundbesitz und Gewerbebetrieb seitens der Wohnsitzgemeinde nur für den Fall, daß jenes Forensaleinkommen aus preußischem Grundbesitz und Gewerbebetrieb floß, während wegen der Besteuerung des außerpreußischen Forensaleinkommens auf die einzelnen Gemeindeverfassungsgesetze zurückzugehen war. Die östlichen Provinzen kannten wohl die Freilassung des Einkommens aus auswärtigem Grundbesitz, nicht aber auch des Einkommens aus auswärtigem Gewerbebetrieb.

Wieder anders in der Stadt Frankfurt a. M. und in der Rheinprovinz! Dort war der aus auswärtigem Grundeigentum oder auswärtigen gewerblichen Anlagen fließende Teil des Gesamteinkommens von der Einkommenbesteuerung in der

Wohnsitzgemeinde dann freizulassen, wenn er in der fremden Gemeinde einer besonderen Besteuerung nach dem Einkommen unterworfen war, aber auch nur bis zur Höhe dieses Steuerbetrages. Fand somit in der Forensalgemeinde eine solche Einkommensbesteuerung nicht statt, so hatte die Wohnsitzgemeinde das Recht, jenes Forensaleinkommen unbeschränkt zu besteuern[1]).

Die Landgemeindeverfassungen endlich der östlichen Provinzen, Schleswig-Holsteins und im vormaligen Gebiete der freien Stadt Frankfurt a. M., die Städteordnung für den Regierungsbezirk Wiesbaden und das Nassauische Gemeindeverfassungsgesetz verlangten den unbedingten Anschluß der Gemeindebesteuerung an die Staatseinkommensteuer.

Das Einkommen aus Grundbesitz und Gewerbebetrieb in anderen deutschen Bundesstaaten oder in deutschen Schutzgebieten blieb in den Geltungsgebieten dieser Gesetze daher gemäß § 6 des Einkommensteuergesetzes von Staats- und Gemeindeeinkommensteuer unbedingt frei, dasjenige aus außerdeutschem Grundbesitz und Gewerbebetrieb nur in der Hand in Preußen wohnhafter oder sich länger als ein Jahr aufhaltender Reichsausländer, und nur sofern der Wohnsitz oder Aufenthalt nicht des Erwerbes wegen angenommen war; das Einkommen aus außerdeutschem Grundbesitz und Gewerbebetrieb unterlag also der Steuerpflicht, soweit es preußischen Staatsangehörigen oder solchen Angehörigen anderer deutschen Bundesstaaten, welche in ihrem Heimatstaate einen Wohnsitz nicht hatten, dagegen in Preußen wohnten oder — ohne im Deutschen Reiche einen Wohnsitz zu haben — sich aufhielten, oder endlich solchen Angehörigen außerdeutscher Staaten zufloß, welche des Erwerbs wegen in Preußen wohnten oder sich aufhielten.

[1]) Vgl. Städteordnung f. die Rheinprov. v. 15. Mai 1856, § 49 Nr. 2. Bei Zuschlägen zur Klassen- und klassifiziert. Eink.-St. muß derjenige Teil des besteuerten Ges.-Eink., welcher aus außerhalb der Gemeinde belegenem Grundeigentum oder gewerblichen Anlagen fließt, und in der Gemeinde, wo das Grund-Eigentum oder die gewerblichen Anlagen liegen, einer besonderen Gemeindebesteuerung nach dem Einkommen unterworfen ist, bis auf die Höhe dieses Steuerbetrages von der Zuschlägen in der Gemeinde des Wohnortes freigelassen werden.

Besser stand es in Baden und Württemberg. Während dort eine kommunale Besteuerung des Einkommens aus ausländischem, sei es deutschem, sei es außerdeutschem Grundbesitz und Gewerbebetrieb völlig ausgeschlossen war, war es wiederum Hessen, welches dieses Einkommen unbeschränkt der Besteuerung in der Gemeinde unterwarf.

Wir können hier nicht weiter auf Einzelheiten des früheren Rechts eingehen, müssen aber jenes Staates (Hessen) gedenken, welcher heute noch — im direkten Gegensatz zum DBG. — seine Gemeindesteuerpolitik fortsetzt, da diese Besteuerung uns den später zu erörternden Fortschritt des gegenwärtigen Rechts der übrigen Staaten mehr hervorhebt.

Der § 26, Nr. 2 c), des gegenwärtig geltenden Gemeindesteuergesetzes setzt sich mit dem DBG. in Widerspruch, indem er erklärt, daß der Steuer vom Einkommen in der Gemeinde unterworfen sind:

Personen, die nur um deswillen von der staatlichen Einkommensteuer befreit sind, weil die Bestimmungen der §§ 2—4 des DBG. ihre Heranziehung zu staatlichen Einkünften verbieten.

Diese Bestimmung hat nun zwar in Erwägung der hierdurch unvermeidlichen Doppelbesteuerung den Zusatz erhalten:

„daß das Einkommen aus Grundbesitz oder Gewerbebetrieb in einem anderen deutschen Bundesstaat dann gemeindesteuerfrei ist, wenn dieses Einkommen in dem andern Staat einer gleichartigen Abgabe unterliegt und die Gegenseitigkeit gesetzlich oder vertragsmäßig verbürgt ist.“

Diese Art der Regelung müssen wir verwerfen, weil sie ungerechte Steuerverteilung zur Folge haben muß. Den hessischen Gemeinden sind hier unter Umständen Steuerkräfte gesichert, auf welche sie keinen Rechtsanspruch geltend machen können. Die Besteuerung des Gesamteinkommens ohne Rücksicht auf den Ort der Entstehung führt notwendig zu ungerechter Umgrenzung der Steuerpflicht. Um diese zu vermeiden, ist bei Auferlegung von Steuern notwendig, zu untersuchen, wie weit die Person am Staatsverband oder in der Gemeinde interessiert ist. Die Steuer darf nicht allein vom fiskalischen Standpunkt aus beurteilt werden: im Interesse der Gemeinschaft ist dringend geboten, auf fremde Steuerquellen, denen ein Rechtstitel nicht zur Seite steht, bedingungslos zu verzichten.

Preußen hat heute diesen vom DBG. proklamierten Grundsatz als den allein richtigen anerkannt; mögen alle Staaten im eigensten Interesse diesem Beispiel folgen.

Das KAG. vom 14. Juli 1893 war noch nicht mit der Wirkung rechtskräftig geworden, daß das Einkommen aus außerpreußischem Grundbesitz und Gewerbebetrieb in vollem Umfange dem Besteuerungsrecht der Wohnsitzgemeinden unterworfen würde, als das Abgeordnetenhaus die Staatsregierung ersuchte: noch vor dem Inkrafttreten des KAG. gesetzliche Vorschriften herbeizuführen, durch welche das Einkommen, soweit es aus anderen deutschen Bundesstaaten stammt, von der Besteuerung durch die Gemeinden Preußens befreit würde. In dem infolgedessen dem Landtage unter dem 3. April 1895 vorgelegten Gesetzentwurf ging die Staatsregierung über den Beschluß des AGH. insofern noch hinaus, als sie die Freilassung des fraglichen Einkommens sowohl aus anderen deutschen Bundesstaaten als auch aus dem Reichsauslande vorschlug. Das Abgeordnetenhaus folgte jedoch in Übereinstimmung mit seiner Kommission dem Vorschlage der Reichsregierung nicht, sondern beschränkte die Freilassung wieder auf das Einkommen aus außerpreußischem deutschem Grundbesitz und Gewerbebetrieb.

Im Herrenhause erfuhr der Gesetzentwurf abermals eine grundsätzliche Umgestaltung, indem auf der einen Seite die verschiedene Behandlung des Einkommens aus anderen deutschen Bundesstaaten und desjenigen aus dem Reichsauslande fiel, durch Freilassung auch des letzteren. Nachdem das Abgeordnetenhaus dieser Abänderung sich gefügt hatte, kam das Gesetz endlich in dieser Fassung zu stande[1]).

[1]) Ges. betr. die Abänderung u. Ergänzung einiger Bestimmungen des KAG. s. v. 14. Juli 1893, v. 30. Juli 1895.

Art. 2. Die §§ 49 u. 50 KAG. werden durch folgende Bestimmung ersetzt:

„§ 49. Bei der Heranziehung der Steuerpflichtigen zur Einkommen-„steuer in ihren Wohnsitzgemeinden ist, unbeschadet der Bestimmung des „§ 35, derjenige Teil des Gesamteinkommens außer Berechnung zu lassen, „welcher außerhalb des Gemeindebezirks aus Grundvermögen, Handels- oder „gew. Anlagen usw. gewonnen wird."

Vgl. hierzu noch: Strutz, Gemeindebesteuerung. Verwalt.-Archiv 1896.

Haben wir jetzt ein Bild erhalten, wie der Grundsatz „gerechten Entgelts“ seinen Einzug in allgemeiner Hinsicht in die Steuersysteme der Gemeinden zu nehmen beginnt, so soll jetzt untersucht werden, wie sich im speziellen die Besteuerung der Ausländer und später der Forensen nach Maßgabe dieses Prinzips zu gestalten hat.

Zuvor aber sei noch ein kurzes Wort in anderer Hinsicht gestattet. Wir erblicken nämlich in dem unsere modernen Steuergesetze begleitenden „Prinzip der Gegenseitigkeit“ eine Institution, welche geeignet ist, die guten Erfolge, welche aus einem grundsätzlich gestalteten Steuersystem zu erwarten sind, zu vernichten. Die Übernahme dieses Prinzips führt notgedrungen zu ungerechter Belastung, denn man würde nicht Anstand nehmen brauchen, eine für ungerechtfertigt anerkannte Bestimmung, wie z. B. diejenige Österreichs, welche die Rente aus österreichischen Staatspapieren unter allen Umständen belastet, gleichgültig ob der Besitzer solcher Papiere in Österreich, Italien oder Deutschland wohnt, ebenfalls in das Gesetz aufzunehmen, wodurch freilich dem fiskalischen Interesse größtenteils zum Nachteil des Individuums gedient wäre. —

Das „Badische Vermögenssteuergesetz“ vom Jahre 1906 schließt das „Prinzip der Gegenseitigkeit“ gänzlich aus, indem es erklärt: „Stimmt die Gesetzgebung oder die Handhabung der Gesetze eines ausländischen Staates nicht mit der vorstehenden Regelung überein, so hat dies auf die inländische Bestimmung keinen Einfluß“ (Bad. Vollz.-Verordnung vom 24. Nov. 1906, § 2). — Und ferner bemerken die Motive zu § 52 desselben Gesetzes, welches die inländischen gewerblichen Vermögensteile sichern soll: „Ob dasselbe im Reichsauslande einer ähnlichen Besteuerung unterworfen ist, kann nicht in Betracht kommen, da das badische Steuergesetz die inländische Steuerpflicht nach den hierlands geltenden Grundsätzen regelt (sic!) und zu regeln berechtigt ist.“

Der Umstand, daß die Angehörigen eines Staates in außerdeutschen Staaten hinsichtlich der Heranziehung zu direkten Staatssteuern ungünstiger behandelt werden, als Ausländer im Inland, kann sonach auch nicht die Veranlassung sein, von dem im Steuersystem als gerecht anerkannten Prinzip abzugehen. Den Finanzministern die Berechtigung zu geben, in diesen Fällen mit dem Prinzip der Gegenseitigkeit zu antworten, entspricht nicht dem Wesen des modernen Staates (vgl. Württembg. Eink.-Steuergesetz). Die von gerechten Erwägungen sich entfernende Steuerpolitik des Nachbarstaates darf von keinem Einfluß auf das inländische System sein; mit demselben Rechte könnten unter der Führung obigen Prinzips im Hinblick auf andere Gemeinwesen etwa für die Ausländer „Steuernachlässe“ gefordert werden (vgl. nächstes Kapitel), wodurch man freilich dem obersten Prinzip gerechten Opferausgleichs gänzlich den Rücken drehen würde, da man Steuergeschenke an Fremdlinge zugestehen müßte.

In dieser Frage gibt uns übrigens auch das DGB. die richtige Antwort, indem es z. B. den Wohnsitz-Staaten durchaus nicht das Recht zuspricht, den in anderen Staaten liegenden Gewerbebetrieb zu besteuern, wenn der Bundesstaat der Lage dies ihm zustehende Recht nicht ausüben sollte. Andererseits haben doch auch die Bundesstaaten ausnahmslos von ihrem durch §§ 3, 4 zugesprochenen Recht Gebrauch gemacht — ohne Rücksicht darauf, ob etwa andere Bundesstaaten den reichsgesetzlichen Bestimmungen zuwider die Besteuerung eintreten ließen.

Erster Abschnitt.

Die Besteuerung der Ausländer.

1. Kapitel.

Die Einkommen- und Vermögensbesteuerung der Ausländer nach dem Grundsatz „gerechten Entgelts".

I. Die Regelung der Frage insbesondere in Preußen.

a) Einkommensteuer.

Legt man in Fragen der Besteuerung der Ausländer das Prinzip des DBG. zugrunde, dann wird man den im Lande sich ansässig machenden Reichsausländer nicht günstiger behandeln können wie die übrigen Personen, weil er im gleichen Maße an den Wohltaten des Staatsverbandes partizipiert. Man wird ihn sonach mit seinem Gesamteinkommen steuerpflichtig erklären müssen — mit der Einschränkung, daß alle Einkommen, die aus Quellen stammen, welche nicht im Wohnsitzstaat den Schutz genießen, steuerfrei bleiben. Das wäre die Konsequenz einer richtigen Verfolgung des Prinzips einer Steuer nach dem Interesse.

Da, wie schon erwähnt, die Reichsausländer von den Bestimmungen des DBG. nicht berührt werden, hat sich z. B. in Preußen die Besteuerung dieser nach ganz anderen Gesichtspunkten, ja vorwiegend nach Zweckmäßigkeitserwägungen, geregelt. Die Besteuerung in Preußen weist die Tendenz auf: den Renten verzehrenden Ausländer schonend gegen den des „Erwerbs wegen" im Staate sich festsetzenden Ausländer zu behandeln. Während letzterer sein Gesamteinkommen ohne Rücksicht auf seine Herkunft versteuern muß, hat der Rentner eine nur beschränkte Steuerpflicht zu erfüllen. Beide Arten der Besteuerung entsprechen natürlich nicht dem Grundsatz gerechter Besteuerung.

Die Begünstigung der nicht des Erwerbs wegen im Lande lebenden Ausländer entspringt der Erwägung, daß durch solche Regelung kapitalkräftige Rentner eingezogen werden, welche dann durch ihren Aufwand dem Staat, mehr noch den in der Gemeinde lebenden Gewerbetreibenden Gewinne zuführen. Die angeführte Auffassung ist in treffender Weise geeignet zu zeigen, wie die Steuer ihrem Zweck entfremdet werden kann. Die Steuer wird hier nicht als Mittel betrachtet, den öffentlichen Bedarf zu decken, sie wird vielmehr ihrem Urzweck entfremdet und anderen dienlich gemacht.

Daran müssen wir vor allem festhalten, daß die Steuer den Bedarf der öffentlichen Verbände decken soll und es Aufgabe der Steuerpolitik nur sein kann, die jeweilig notwendigen Auflagen nach den Grundsätzen „gerechten Entgelts" und „gleicher Opfer" zu verteilen. Jede diesen Grundsätzen widersprechende Steuerpolitik muß zu Ungerechtigkeit führen. Bei der Absicht steuerlicher Vergünstigung ausländischer Rentner verursacht man insofern eine ungerechte Belastung, als man dem im Lande weilenden, also an den öffentlichen Einrichtungen in gleichem Maße wie der Inländer interessierten Ausländer Steuergeschenke macht, welche geeignet sind, die Opfer der übrigen, vielleicht viel weniger leistungsfähigen, armen Bevölkerung zu erhöhen. Oder entspricht es gerechter Verteilung der Steuer, wenn in einem kleineren Luftkurort an der Grenze — der an sich schon armen Bevölkerung die Ausgaben für Erhaltung der Wege, der Ruhe, der Beleuchtung allein zur Deckung auferlegt werden, während die in der Gemeinde wohnenden Ausländer sich eines Steuerprivilegs erfreuen, nur weil sie Ausländer sind?

Für eine solche ungerechte Politik traten einzelne Vertreter im preußischen Abgeordnetenhaus bei Beratung des Einkommensteuergesetzes von 1891 ein, indem sie etwa ausführten:

„— Daß diejenigen Ausländer, bei welchen ein Verziehen „oder Fernbleiben aus Preußen zu befürchten sei, begünstigt „werden müssen, aber auf jene, welche des Erwerbs wegen in „Preußen sich aufhalten, die Besteuerung in vollem Maße ein„treten könne, weil in solchem Falle die Belastung durch „die Steuer keinen Einfluß auf die Wahl des Aufenthaltes „habe."

Dank eifriger Verteidigung gerechter Steuerpolitik seitens der Regierung ist obiges Programm freilich nicht in gewünschter Weise zur Durchführung gekommen, hat aber dennoch seine Wirkungen in der zuweitgehenden Belastung der des Erwerbs wegen hier weilenden Ausländer zur Geltung gebracht.

Dr. Lieber[1]) veranlaßte bei Beratung des Einkommensteuergesetzes im Anschluß an einen Antrag, in welchem er die Befreiung der Ausländer nicht auf ausländischen Grundbesitz und Gewerbebetrieb beschränkt, sondern ausgedehnt wissen wollte auch auf „nicht reichsinländische Bezugsquellen jeder Art", eine heftige Debatte, die deutlich zeigte, daß in der prinzipiellen Behandlung von Steuerfragen eine Wandlung vor sich ging.

„Es sind lediglich kommunale Nützlichkeitspunkte" — so führte der Antragsteller aus —, „welche mich zur Einbringung des Antrags bestimmen. Seit einer Reihe von Jahren nimmt die Zuwanderung vermögender Ausländer nach preußischen Städten, namentlich im Westen der Monarchie, wesentlich auch aus der Absicht, ihren Kindern deutsche Erziehung gewähren zu lassen, zu". (Bonn, Wiesbaden, Homburg usw.)

Behandelt man nun diese Ausländer nicht ebenso günstig in der Befreiung von Steuern, wie dies andere Staaten tun, so ist nach der Ansicht des Antragstellers eine Abwanderung der Ausländer sicher zu erwarten, und dies ist besonders für die Finanzen der betroffenen Städte nachteilig.

Der erwähnte Antrag fand ganz besonders deshalb Widerspruch, weil seine Annahme eine fast gänzliche Steuerfreiheit der in Preußen wohnenden Ausländer mit sich bringen mußte, indem doch nicht nur das aus ausländischem Grundbesitz und Gewerbebetrieb, sondern auch das Einkommen aus Kapitalvermögen, soweit es in ausländischen Papieren angelegt war, eine Steuerfreiheit genießen sollte. Eine Besteuerung dieses Einkommens hielt man aber unter allen Umständen für berechtigt, da man sonst keinerlei Gegenleistung für den der Person und ihrem Vermögen gewährten Schutz hätte fordern können.

---

[1]) 32. Sitzung 1891.

In einleuchtender Weise vertritt besonders Finanzminister Miquel diese Auffassung. „Man stelle sich" — so führt er aus — „einen Deutschen vor, der in Nordamerika Bürgerrecht erworben hat, reich geworden ist und nun nach 20 Jahren in seine Heimat zurückkehrt, zufällig nicht das preußische Staatsbürgerrecht wieder erworben hat und hier lebt wie jeder andere Deutsche. Kommt es nicht sonderbar heraus, daß dieser deutsche Mitbürger — so darf ich ihn wohl nennen — alle Vorteile des preußischen Staats und der kommunalen Einrichtungen genießen, in bezug auf Steuer aber privilegiert werden soll?" — Dann fährt er fort: „Eine so weitgehende Befreiung ist nicht gerechtfertigt; der Ausländer verlangt dies auch gar nicht, er will nur nicht doppelt besteuert sein, und dies vermeidet bereits die richtige Fassung, daß der ausländische Gewerbebetrieb und Grund und Boden von der inländischen Einkommensteuer befreit bleibt."

In gleicher Weise wendet sich Finanzrat Wallach gegen Lieber:

„Es kann nicht in Abrede gestellt werden, daß durch die abweichende Besteuerung der Ausländer eine erhebliche Ungleichheit in der Besteuerung einerseits der Inländer, andererseits der Ausländer herbeigeführt wird. Ein sachlicher Grund dafür kann nicht angeführt werden. Ausländer, welche, wie das Gesetz zur Begründung der Steuerpflicht es erfordert, entweder ihren Wohnsitz hier haben oder länger als ein Jahr oder des Erwerbs wegen in Preußen sich aufhalten, genießen die gesamten Wohlfahrts- und Sicherheitseinrichtungen in gleichem Maße wie die Inländer, und es liegt kein durchschlagender Grund vor, sie trotzdem von der Staatssteuer mit wesentlichen Teilen ihres beweglichen Einkommens frei zu lassen."

Diesen prinzipiellen Erörterungen schloß sich die Mehrheit des Hauses an und akzeptierte die Fassung des Gesetzentwurfs der Regierung.

Um auf dem Boden des Rechts zu bleiben, ist hier dringend zu fordern, einen Rechtsgrundsatz, und nicht Zweckmäßigkeitsgründe maßgebend sein zu lassen. Wir können deshalb auch nicht Adolf Wagner zustimmen, wenn er unter Zugrundelegung des Prinzips der „Allgemeinheit" in der Frage der Ausländer davon ausgeht: daß das Inland meistens ein Interesse am Aufenthalt dieser Personen habe, was dazu führen könne, sie durch Steuererlaß zu begünstigen[1]). Führt man solche Erwägungen in den Vordergrund, dann wird die Politik leicht auf Abwege geraten — zum Schaden der Gesamtheit. Wie weit man auf diesem Boden kommen kann, zeigt uns das hessische Kapital-Rentensteuergesetz vom Jahre 1884, welches in Art. 3, Abs. 2, die Angehörigen anderer deutscher Bundesstaaten und Reichsausländer nur dann steuerpflichtig erklärte, wenn dieselben im Großherzogtum wohnen und eine mit Erwerb verbundene Beschäftigung ausüben oder ausgeübt haben.

Das Einkommensteuergesetz vom 12. August 1899 trägt dem Gedanken eines gerechten Entgelts schon weit mehr Rechnung, indem es die allgemeine Steuerpflicht der Ausländer schlechthin vom Wohnsitz abhängig macht, obschon auch hier noch der gerechte Blick mangelt, indem in Art. 3 nur dem Einkommen aus anderen deutschen Staaten, nicht aber den ausländischen Einkommen Befreiung gewährt wird.

Gegen die frühere Politik wenden sich die Motive mit den Worten: „Der Gesetzgeber hat sich bei Gewährung der überaus weitgehenden Privilegien (ausländ. Rentner!) von Motiven leiten lassen, deren Berechtigung heute nicht anerkannt werden darf. Speziell bezüglich der Angehörigen der anderen deutschen Bundesstaaten rechtfertigt sich die Aufhebung jenes Vorzugsrechts — abgesehen von finanziellen Gründen — durch die Erwägung, daß jenen finanzpolitischen Klugheitsrücksichten, die 1884 zur Schaffung des Art. 3, Abs. 2, des KRStG. geführt haben, infolge inzwischen eingetretener Veränderung der Steuergesetzgebung der Nachbarstaaten ausschlaggebende Bedeutung nicht mehr zuerkannt werden kann. Die Gefahr des Wegzugs oder der Verhinderung des Zuzugs ausländischer Rentner, die für die Gewährung jener Vorrechte mitbestimmend war, kann insofern als verschwindend bezeichnet werden, als den Ausländern ein steuerliches Eldorado nirgends mehr geboten wird.“

Das gleichzeitig eingeführte hessische Vermögensteuergesetz geht im Vergleich zum Einkommensteuergesetz noch konse-

[1]) Finanz-Wissenschaft 1880, II., S. 315.

quenter vor, indem es die im Lande wohnenden Ausländer allgemein steuerpflichtig erklärt (Art. 3, Nr. 3), aber die Befreiung ausspricht für jene Kapitalien, welche im Ausland investiert sind. (Art. 6.)

Zu jener Zweckmäßigkeitspolitik im Steuerwesen war schon immer besonders wenig geneigt die badische Regierung. Daß ihr vielmehr schon früh gerechte Steuerverteilung das Ziel war, geht aus dem Gesetzentwurf zum Einkommensteuergesetz vom Jahre 1883 hervor[1]); es heißt dort:

„Die Besorgnis, es möchten durch eine stärkere Heranziehung der Fremden diese abgehalten werden, ihren Wohnsitz im Großherzogtum zu nehmen, dürfte sich wohl kaum als gerechtfertigt erweisen und jedenfalls gegenüber der Erwägung nicht ausschlaggebend sein, daß es doch nur billig erscheint, wenn Ausländer, welche ihren Wohnsitz im Großherzogtum haben und an allen Einrichtungen des letzteren teilnehmen, auch zu den Lasten einen entsprechenden Beitrag leisten. Ohnehin trifft jene Besorgnis in gleicher Weise wie bezüglich der Reichsausländer auch bezüglich der nicht badischen Reichsinländer zu und müßte, wenn man ihr stattgeben will, konsequenterweise zu einer Befreiung sämtlicher Nichtbadener von der Einkommensteuer führen. Entschließt man sich aber dazu, den Unterschied zwischen Reichsausländer und Reichsinländer bezüglich der Frage des Beizugs zur Einkommensteuer überhaupt fallen zu lassen, so wird es sich empfehlen, die Reichsausländer auch ganz in demselben Umfang, d. h. mit denselben Einkommensteilen, wie die Inländer zu dieser Steuer heranzuziehen. Diese auf das Vorteilsprinzip begründete Besteuerung der Reichsausländer kam nicht zum Sieg; das Einkommensteuergesetz vom 20. Juni 1884 bestimmt vielmehr im Art. 5a, Nr. 2: „Reichsausländer, welche nicht des Erwerbs wegen ihren Wohnsitz im Großherzogtum haben, sind (nur?) mit ihrem aus reichsinländischen Bezugsquellen fließenden steuerbaren Einkommen steuerpflichtig.“ — Die hierin zum Ausdruck kommende Ungerechtigkeit, besonders den eigenen Staatsangehörigen gegenüber, erkannte bei der Revision des bestehenden Rechts auch der im Jahre 1900 gegebene Bericht

---

[1]) Abgedruckt: Finanz-Archiv 1884.

der II. Kammer zum Entwurf, betreffend die Abänderung des Einkommensteuergesetzes von 1884. Er enthält die Worte: „Daß aber Reichsausländer, welche nicht des Erwerbs wegen im Großherzogtum ihren Wohnsitz haben, wie seither auch dann nur mit ihrem aus reichsinländischen Bezugsquellen fließenden Einkommen steuerpflichtig sein sollen, trotzdem sie daselbst ihren dauernden Wohnsitz haben, ist den Reichsangehörigen gegenüber, wenn sie, wie diese, an allen Einrichtungen des Landes dauernd teilnehmen, nicht zu rechtfertigen." Dieser Ausführung ist der Art. 5 I, Ziff. 2 (Ges. v. 9. Aug. 1900/28. Sept. 1906) zu verdanken[1]).

Wie aus den vorhergehenden Ausführungen zu ersehen ist, geht mit einer nicht dem Entgeltprinzip entsprechenden vielmehr willkürlichen Heranziehung der Ausländer einerseits eine ungerechte Lastenverteilung Hand in Hand, andererseits ist aber auch Überlastung der Subjekte eine häufige Folge dieser Politik; das beweist das preußische[2]) sowie das oldenburgische Einkommensteuer-Gesetz vom 12. Mai 1906.

Einkommensteuerpflichtig sind dort nach Art. 1, Nr. 3, diejenigen Ausländer, welche

a) im Herzogtum einen Wohnsitz haben,
b) sich daselbst des Erwerbes wegen oder länger als ein Jahr aufhalten.

---

[1]) Steuerpflichtig sind:

Reichsausländer, welche, ohne einen Wohnsitz und eine entsprechende Besteuerung in ihrem Heimatstaate nachweisen zu können, einen Wohnsitz (Aufenthalt) im Großherzogtum haben, vorausgesetzt, daß dies seit mindestens einem Jahre der Fall ist, oder aber, daß sie im Großherzogtum eine auf Gewinn gerichtete Tätigkeit ausüben — mit ihrem gesamten Einkommen.

Nach Art. 6 sind befreit:

1. Das Einkommen aus außerhalb des Großherzogtums gelegenem Grundbesitz (einschließlich von Gebäuden und den außerhalb des Großherzogtums betriebenen Gewerben, sowie Gehalten, Pensionen und Wartegeldern, welche aus der Kasse eines andern deutschen Bundesstaates oder eines ausländischen Staats bezogen werden).

[2]) Eink.-Steuer-Ges. v. 24./19. Juni 1891/1906.
§ 1 Nr 3 in Verbindung mit § 5 Nr. 2.

Dazu Art. 4: Von der Besteuerung sind ausgeschlossen:

3. Die Bezüge der nach Art. 1, Ziff. 3, steuerpflichtigen Ausländer aus ausländischem Grundbesitz oder Gewerbebetrieb, sofern dieselben nicht des Erwerbes wegen im Herzogtum einen Wohnsitz haben oder sich aufhalten.

Ist sonach eine nach unserer Auffassung gerechte Besteuerung ausländischer Rentner erzielt, so gestaltet sich diese zur Ungerechtigkeit gegenüber jenen Ausländern, welche des Erwerbes wegen im Lande wohnen; wir fragen: ist es ratsam und gerechtfertigt diese Personen, nur weil sie im Machtbereich des Staates leben, schlechthin mit ihrem Gesamteinkommen, also auch mit ihrem ausländischen Grundbesitz und gewerblichen Einkommen zur Steuer heranzuholen?

Wir müssen nochmals betonen: nimmt eine Person Wohnsitz in einem Lande, so genießt sie damit die öffentlichen Einrichtungen in vollem Maße. Daraus ergibt sich folgerichtig, daß auch der Ausländer, sobald er in einem fremden Staate oder in einer Gemeinde Wohnsitz nimmt, mit seinem Gesamteinkommen steuerpflichtig wird, jedoch mit der Einschränkung, daß die ausländischen Einkünfte von der Steuer befreit bleiben, weil diese unter dem Schutz fremder Finanzgewalten stehen. Für den Umfang der Steuerpflicht ist also die Ursache, aus welcher Wohnsitz genommen wird, gleichgültig; von Bedeutung dagegen ist das Maß des Interesses, welches der Einzelne an den staatlichen Einrichtungen hat.

Neben Sachsen (durch die Einkommen-Steuer-Reform vom 24. Juli 1900, § 2, Nr. 3, und § 5) hat besonders Württemberg die Umgrenzung der Steuerpflicht der Nichtstaatsangehörigen in gerechter Weise gelöst, und zwar in seinem Einkommensteuergesetz vom 8. August 1903, Art. 1 mit Art. 8.

Damit ist aber das Ziel einer gerechten Besteuerung für uns noch nicht erfüllt; verlangen müssen wir vielmehr, daß auch das Einkommen „aus gewinnbringender Beschäftigung“, soweit es in anderen Staaten gewonnen worden ist, am Wohnsitz steuerfrei bleibt.

Der einzige Staat, der dieser gerechten Forderung zu entsprechen versuchte, war Sachsen. Das Einkommen-Steuer-Gesetz vom 24. Juli 1900 erklärte in § 5, Abs. 2: Das Einkommen aus Grundbesitz, welcher im Auslande liegt, oder aus einem

Gewerbe, welches im Auslande betrieben wird, ingleichen aus einer anderen im Auslande betriebenen, nicht auf einem Beamtenverhältnisse zu dem sächsischen Staate beruhenden Erwerbstätigkeit ist dem steuerpflichtigen Einkommen nicht zuzurechnen.

Diese Bestimmung könnte den Abschluß der Konzessionen bilden, welche zugunsten fremder Finanzgewalten im Interesse einer gerechten Besteuerung gefordert werden müssen.

Leider ist der Inhalt dieser Regelung in Sachsen nicht anerkannt worden. Das Dekret Nr. 19 vom 15. Oktober 1907 will die Befreiung der Einkünfte aus ausländischer gewinnbringender Beschäftigung wieder beseitigen. Die „ratio legis“ völlig verkennend, kam man zu folgender Begründung: „Diese Begünstigung der ausländischen Erwerbstätigkeit der Inländer vor derjenigen Erwerbstätigkeit, welche von Inländern in andern deutschen Bundesstaaten ausgeübt wird, ist weder zur Vermeidung von Doppelbesteuerung geboten, noch läßt sie sich sonst innerlich rechtfertigen. Es empfiehlt sich daher, den Unterschied durch Streichung der Worte „ingleichen aus einer andern im Auslande betriebenen, nicht auf einem Beamtenverhältnis zu den sächsischen Staate beruhenden Erwerbstätigkeit“ zu beseitigen.“

Offenbar ist mit der Streichung des Passus und der rücksichtslosen Überweisung ausländischen Einkommens in die Finanzgewalt der Wohnsitzgemeinde die Doppelbesteuerung sanktioniert. Denn wir können nicht einsehen, warum eine öffentliche rechtliche Körperschaft, in der ein Angehöriger eines anderen Staates seinen Erwerb findet, nicht das Recht der Besteuerung dieser Quelle haben soll. Die von der Regierung gewünschte „Streichung“ fraglicher Bestimmung wird hoffentlich nicht eintreten, da die hierdurch hervorgerufene Doppelbesteuerung um so drückender sein wird, als sie hauptsächlich Einkommen aus Arbeitsverdienst, also Einkommen unfundierten Charakters, treffen wird. Im Interesse gerechter Besteuerung wäre eine Befreiung alles Einkommens aus gewinnbringender Beschäftigung (einerlei, ob es aus anderen deutschen Bundesstaaten oder aus dem Ausland stammt) zu verlangen, weil man umgekehrt keinem Gemeinwesen wird das Recht absprechen können, in seiner

Eigenschaft als Erwerbsgemeinde das Einkommen, soweit es in ihrem Bereich gewonnen wird, ohne Rücksicht auf den Wohnsitz der Person zu belasten (vgl. letzten Abschnitt).

b) Vermögensteuer.

Eine Besteuerung ausschließlich nach dem Einkommen wird heute allgemein für ungenügend angesehen; um dem höchsten Prinzip im Steuerwesen — dem eines „gerechten Opferausgleichs" — näher zu kommen, wird vielmehr eine Ergänzung der Einkommensteuer durch eine subjektive allgemeine Vermögensteuer verlangt. Damit folgt man in vorzüglicher Weise dem weiteren Grundsatz der „Steuer nach der Steuerfähigkeit", weil das fundierte Einkommen dann eine höhere Belastung gegenüber dem unfundierten erfährt. Hieraus allein rechtfertigt sich aber diese Steuer nicht; dadurch, daß sie vielmehr ohne Rücksicht auf Ertrag die Vermögensteile belastet, stellt sie gleichzeitig auch ein Entgelt dar für einen den Vermögensobjekten gewährten staatlichen Schutz. Oder hält man es für gerechtfertigt, daß ein großindustrielles Unternehmen gänzlich einkommen- und vermögensteuerfrei ausgehen soll, weil durch Mißjahre kein Reingewinn erzielt wurde, während doch die Millionen, welche in Grundbesitz, Anlage- und Betriebskapital des Unternehmers investiert sind, gleichen Schutz genießen, oder die Arbeitermassen den Betriebsgemeinden gerade in solchen Jahren erhöhte Armenlasten aufbürden? Weil der Staat seine öffentlich - rechtlichen Pflichten erfüllen muß ohne Rücksicht darauf, ob das Unternehmen hohe Dividenden ausschüttet oder nicht, muß ihm ein Äquivalent in den von ihm geschützten Vermögensobjekten gesichert sein.

Nach alledem entspricht eine Steuerpolitik dem Grundsatz gerechter Besteuerung, wenn sie das Vermögen der Staatsangehörigen sowohl wie der Ausländer der Belastung unterwirft, soweit es im Lande festgelegt ist, und auf eine Besteuerung verzichtet, wenn die Vermögensobjekte den Schutz fremder Staaten genießen.

Die preußische Regierung hatte bei Einführung des Ergänzungssteuergesetzes keine leichte Stellung gegenüber den Einwendungen der Volksvertretung. Nach § 2 I dieses Gesetzes sind ergänzungssteuerpflichtig „die im § 1 des Einkommensteuergesetzes vom 24. Juni 1891 zu Nr. 1—3 bezeichneten physischen Personen, nach dem Gesamtwert ihres steuerbaren Vermögens". § 4 II 1 desselben Gesetzes nimmt jedoch von der Steuer aus:

1. die außerhalb Preußens gelegenen Grundstücke,

2. das dem Betriebe der Land- oder Forstwirtschaft, des Bergbaues oder eines stehenden Gewerbes außerhalb Preußens dienende Anlage- und Betriebskapital.

Gegen diese Regelung wandte sich die Kommission zur Beratung des Entwurfs und verlangte: die Befreiung nur auf das im Deutschen Reiche (außerhalb Preußens) investierte Kapital zu beschränken. Sie führte zur Begründung ihrer Forderung folgende Gründe vor:

1. Eine so weitgehende Befreiung (w. o.) sei nicht gestattet, weil die Vermögensteuer aus dem Grundsatze entstanden sei, dasjenige Einkommen in der Form der Vermögensteuer heranzuziehen, welches durch Besitz fundiert ist; — logisch müßte also der Fundus, gleichgültig, ob er in Preußen oder außerhalb liegt, auch besteuert werden;

2. läge die Gefahr nahe, daß bei Besitzungen und Gewerbebetrieben in Preußen und außerhalb Preußens durch übermäßige Belastung (Hypotheken) der inländischen Vermögensstücke im Verhältnis zu den ausländischen Vermögensgegenständen die betreffenden Vermögen der Steuer entzogen werden könnten (Abzug der Schulden); daß endlich

3. die Anlage inländischen Kapitals im Ausland begünstigt werde.

Diese Einwände sind nicht überzeugend gewesen; in der lebhaften Debatte über die Umgrenzung der Steuerpflicht ist vielmehr darauf verwiesen worden, daß die Vermögensteuer nicht nur einer Steuer nach der Leistungsfähigkeit Rechnung zu tragen habe, die von der Regierung vorgesehene Befreiung vielmehr ganz mit dem Prinzip wirtschaftlicher Zugehörigkeit im Einklang stehe.

In der Debatte wurden aber auch finanzpolitische, volkswirtschaftliche und steuertechnische Gründe schwerwiegendster Art für die Befreiung ausländischer Vermögensteile herangezogen. „Es ist ein internationaler Rechtssatz", so führt Regierungskommissar Wallach aus (62. Sitzung 1893), „daß

Grundbesitz und Gewerbebetrieb nur innerhalb derjenigen Staaten besteuert werden sollen, innerhalb deren sie liegen oder ausgeübt werden. In dem § 2 zu II des Gesetzes ist entsprechend wie im Eink.-St.-Ges. der Grundsatz aufgestellt worden, daß der Grundbesitz, soweit er in Preußen liegt, unter allen Umständen der Vermögensteuer unterliegen soll, auch wenn der Eigentümer vermöge seiner persönlichen Steuerpflicht § 2 zu I des Gesetzes nicht unterliegt. Ein Korrelat dieser Bestimmung bietet nun § 4 II, wonach auf der andern Seite der Grundbesitz und Gewerbebetrieb, welcher im Ausland liegt, der preußischen Besteuerung nicht unterliegen soll."

Redner weist dann auf die Härten hin, welche aus der Nichtbeobachtung dieses Grundsatzes sich ergeben. „Denn es kann ohne weiteres als zweifellos gelten, daß der im Ausland liegende Grundbesitz und Gewerbebetrieb überall bereits einer ausgiebigen und reichlichen Besteuerung unterliegt. Allein aus diesem Grunde scheinen schon die Einwände, die man gegen ein solches Verfahren vorbringen könnte, nicht stichhaltig genug, dieses Prinzip fallen zu lassen.

Endlich wurde mit Recht von anderer Seite darauf verwiesen, daß eine Auswanderung des inländischen Kapitals deshalb auch nicht zu vermuten sei, weil die Besteuerung im Ausland zum mindesten nicht geringer sei. Im Interesse der Staaten und Gemeinden selbst ist aber auch eine Vermeidung von Doppelbesteuerung zu fordern, da diese in der Tat imstande wäre, reiche Ausländer abzuhalten, in das Inland zu ziehen, und Eingesessene veranlassen könnte, den Wohnsitz zu verlegen. Dazu kommt noch, daß die Veranlagung ausländischer Vermögensteile im Inland zu ganz unbefriedigenden Resultaten führen müßte. Die Veranlagung z. B. für Grundstücke müßte um so mehr von der Richtigkeit sich entfernen, je weiter sie von der Kultur abliegen, ja es müßte zu beliebiger Bewertung geschritten werden. Um den Wert einer Tabakplantage in Preußen zu erhalten, müßte der Beamte den Besitzer recht inquisitorisch behandeln, was allerdings zur Auswanderung der im Inland weilenden Ausländer führen könnte.

Abgeordneter Böttinger führt hierzu aus (76. Sitzung 1893): „In unseren Rheinstädten steht durch Wegzug solcher Leute eine Reihe Villen leer; es entsteht dadurch großer Schaden nicht nur durch den Steuerausfall und dadurch entsprechende Steuererhöhung für die domizilierten Einwohner, sondern auch durch Entgang großer Beträge und freiwilliger Zuschüsse pro bono publico."

Gegen den unberechtigten Übergriff der Besteuerung ausländischen Vermögens wendet sich derselbe Redner endlich, weil er auch volkswirtschaftliche Nachteile vermeiden will. Er hat besonders jene heimische Industrie im Auge, die, um ihren „geistigen Besitz" (Patente) auszunützen, angewiesen ist, ihre Fabriken im Ausland anzulegen. Die ausländische Zollgesetzgebung, das Patentrecht (Ausführungszwang im Ausland) zwingt sie, im Ausland zu bleiben, falls sie den Konkurrenzkampf bestehen wollen. Zum Schaden der deutschen Industrie würden diese schon durch Zersplitterung des Betriebskapitals mit bedeutenden Mehrspesen kämpfenden Existenzen durch erhöhte Steuern noch mehr gefährdet.

Alle diese Erwägungen brachten schließlich den von der Regierung gebrachten Entwurf zum Gesetz[1]).

2. Kapitel.

Der Wohnsitz und der „Aufenthalt des Erwerbs wegen" und ihre Bedeutung für die Begründung subjektiver Steuerpflicht.

I. Der Wohnsitz.

Das wesentliche Erfordernis für eine gerechte Steuer ist, daß die die Steuerpflicht begründenden Faktoren begrifflich im Einklang stehen mit dem Prinzip, auf welchem sich die Steuer aufbaut. Haben somit in der Festlegung des Umfanges der Steuerpflicht wirtschaftliche Momente ihren Einfluß geltend gemacht, so wird man den Begriff des Wohnsitzes nicht lediglich nach rechtlichen Normen umgrenzen können. Dies vorausgesetzt, wird man die hier zu besprechende Umbildung des steuerlichen Begriffes „Wohnsitz" verstehen.

[1]) Wir unterlassen es, hier auf die Vermögensteuergesetze der übrigen Staaten einzugehen, da die subjektive Steuerpflicht hier überall im Anschluß an das Eink.-St.-Ges. geregelt ist, dieses aber in Einzelheiten n. o. zu berühren ist.

In seinen „Verwaltungsrechtlichen Aufsätzen“ (Berlin 1899, S. 321) führt Jebens aus: „Der Wohnsitz als ein in sich geschlossener Rechtsbegriff ist heutigen Tages nicht mehr das, was er noch vor wenigen Jahrzehnten war. Mit seinem damaligen Inhalt beherrscht er nicht mehr alle sachlichen Gebiete, auf denen überhaupt rechtliche Konsequenzen aus dem Bestehen eines Wohnsitzes erwachsen; er hat es dulden müssen, daß seine frühere Alleinherrschaft zugunsten eines nicht unwesentlich von ihm abweichenden Konkurrenten eingeschränkt worden ist durch etliche neuere Gesetze des öffentlichen Rechts, die einen neuen, wenn auch über ihren Rahmen nicht hinausgehenden Begriff aufgestellt und insoweit an seine Stelle gesetzt haben.“ — Während in der Tat früher im Steuerrecht dort ein Wohnsitz als begründet angesehen wurde, wo das Individuum seinen „wirtschaftlichen Mittelpunkt“ erblickte, wird heute schon ein Wohnsitz angenommen, wenn — um mit den Worten des DBG. zu sprechen — jemand eine Wohnung unter Umständen innehat, welche auf die Absicht der dauernden Beibehaltung eines solchen schließen lassen. Die Bedeutung dieses Begriffes ist für die Verfolgung des Prinzips der Besteuerung nach dem Interesse klar. Wird es doch hierdurch möglich, einen Ausländer, der sich zur Erholung in einem Orte eine Wohnung mietet, zur Steuer heranzuziehen, während unter der Herrschaft des früheren Wohnsitzbegriffs dies unmöglich war, weil der Ausländer sich darauf stützen konnte, daß etwa der im Ausland liegende Gewerbebetrieb den dauernden „wirtschaftlichen Mittelpunkt“ seines Lebens darstelle, während er die Wohnung nur der Erholung halber gemietet habe.

Diese Lücke im Gesetz hatte offenbar eine ungerechte Steuerverteilung zur Folge, sofern die durch Steuer privilegierten Ausländer zwar die Kosten einer Gemeinde erhöhten, aber keine Gegenleistung gaben.

Wird aber die allgemeine Steuerpflicht von dem Besitz einer Wohnung abhängig gemacht werden können, so liegt auch hier wieder die Gefahr nahe, durch zu weit gehende Ausdehnung dieses Begriffes Härten zu veranlassen; es widerspricht auch dem Prinzip „gerechten Entgelts“, z. B. in einem „Absteigequartier“ schon eine Wohnung zu erkennen, welche eine allgemeine Steuerpflicht begründet.

Dagegen wäre es wiederum gerechter Besteuerung entgegen, wollte man in einer Wohnung, welche eine in einer andern Stadt wohnende Persönlichkeit in Berlin zum Preise von etwa 9000 Mark mietet und sich derselben bei öfterem, auch längerem Aufenthalt bedient, nur ein „Absteigequartier" erkennen. Will man hier einen gerechten Mittelweg beschreiten, so muß man sagen: Eine Steuerpflicht ist begründet, sobald durch das Mieten einer Wohnung zum Ausdruck gebracht wird, daß das Individuum die öffentlichen Einrichtungen des Gemeinwesens in seinem Interesse benutzen will. Steht diese Tatsache fest, dann kann es auch gleichgültig sein, ob das DBG. richtig geurteilt hat, wenn es die Betonung auf die „dauernde" Innehabung einer Wohnung legt. Die Forderung, daß die Wohnsitznahme eine „dauernde" sein müsse, würde u. E. Privilegien begründen, die wir im Interesse der Allgemeinheit der Steuerzahler nicht billigen können.

Das preußische Ober-Verw.-Gericht hat den Zweifel gelöst, indem es den „Sommeraufenthalt" unter gewissen Umständen zu einem Wohnsitz in steuerlichem Sinne erklärt. „Einwohner von Großstädten", sagt Jebens (a. O.), „die in den Vororten wohl gar allezeit in voller Ausstattung mit Möbeln verbleibende Villen errichten und über Sommer regelmäßig bewohnen, dabei übrigens ihre geschäftliche Wirksamkeit in der Großstadt unverändert fortsetzten, mögen sich darauf gefaßt halten, daß ihnen gegenüber mit der Begründung eines (zweiten) Wohnsitzes in dem Vorort gerechnet werde."

Auch hier ist die allgemeine Steuerpflicht in vollem Maße berechtigt; denn sind es nicht gerade jene Sommergäste, welche den Gemeinden nicht unbedeutende Ausgaben für Wege, Beleuchtung und Sicherheit veranlassen? Eine ausschließliche Belastung der Ortsbevölkerung ist hier nicht gerecht.

II. Mehrfacher Wohnsitz.

Sehr häufig werden die gewonnenen Voraussetzungen des steuerlichen Wohnsitzes an verschiedenen Orten zusammentreffen, was zur Folge hat, daß jeder Wohnsitzstaat oder jede -Gemeinde den Anspruch auf die Steuer des Individuums machen kann. In solchen Fällen ist es natürlich vom Standpunkt der

Steuerpflichtigen berechtigt, zu fordern, daß sich die Finanzgewalten pro rata in das Recht teilen. Dem Prinzip gerechten Entgeltes zufolge müßten wir jedem Wohnsitz einen quotenmäßigen Teil des Gesamteinkommensteuersatzes zusprechen, wodurch jedem Gemeinwesen das ihm zustehende Entgelt gesichert wird, und eine Doppelbesteuerung des Zensiten vermieden ist.

Das DBG. gibt in dieser wichtigen Frage keine Bestimmung; es gestattet vielmehr jedem Wohnsitzstaat, das Gesamteinkommen des Einzelnen zu besteuern. Die Motive zum Gesetz helfen sich über diese Frage hinweg: Ist die Person in mehreren Bundesstaaten staatsangehörig und im Sinne des § 1 wohnhaft, so fehlt es an einem geeigneten Anhalt, um das Besteuerungsrecht des einen oder anderen der verschiedenen Staaten auszuschließen.

In Ermangelung eines Rechtssatzes, der die hierdurch empfindlich anwachsende Doppelbesteuerung vermieden haben würde, haben sich die Staaten bemüht, lokal die Frage zu regeln, haben aber hierbei dem Prinzip gerechter Besteuerung zu wenig Rechnung getragen. Um die in Frage stehenden Härten zu mindern, versucht z. B. Braunschweig in einem Gesetz v. 17. Dez. 1900 folgendes:

Angehörige anderer Bundesstaaten oder Ausländer, welche nach § 2 der Einkommensteuer v. 16. April 1896 wegen ihres Wohnsitzes im Herzogtum steuerpflichtig sind, unterliegen, wenn sie neben dem Wohnsitz im Herzogtum einen oder mehrere Wohnsitze im Deutschen Reiche oder im Auslande haben, der braunschweigischen Staatseinkommensteuer nicht während der Zeit, während welcher sie nicht im Herzogtum wohnen, auch wenn sie während dieser Zeit die Rechtsherrschaft (kraft Eigentums und Mietvertrags oder aus anderen Rechtsgründen) über die Wohnung im Herzogtum behalten.

Diese Lösung der Frage möchten wir nicht annehmen, sofern sie — abgesehen von den technischen Schwierigkeiten der Berechnung des Einkommenanteils — dem Grundsatz nicht entspricht, daß jeder steuern soll nach Maßgabe seines Interesses am Gemeinwesen. Indem sich der Anteil der Gemeinde am Einkommen nach der ganz willkürlichen Länge des Aufenthalts bemißt, erhält die Gemeinde nicht das ihr entsprechende Äquivalent, weil sie während des ganzes Jahres das Eigentum des Fremden — ohne Rücksicht auf seinen Aufenthalt — zu hüten hat und infolgedessen auch denselben Anspruch wie andere Gemeinden zu machen berechtigt bleiben muß.

Auch von Nostitz-Wallwitz[1]) macht einen ähnlichen Vorschlag, indem er das Gesamteinkommen im Falle mehrerer steuerberechtiger Gemeinden „nach dem Verhältnis der Zeitdauer“ geteilt wissen will, die der Abgabepflichtige im Bezirk wohnhaft gewesen ist. Seines Erachtens wären die Schwierigkeiten, welche sich aus der Verteilung nach der Aufenthaltsdauer ergeben, gehoben, „sobald man als maßgebendes Merkmal des Aufenthaltswechsels, die leicht kontrollierbare Verlegung des Haushaltes ansieht“.

Wir möchten hierzu bemerken, daß die Möglichkeit doch vorhanden sein kann, daß eine Veranlagung schon geschieht, während der Aufenthalt in der neuen oder anderen Gemeinde noch ansteht. Im übrigen wird aber immer in dieser Art der Regelung, wie schon bemerkt, ein Widerspruch mit dem Prinzip gerechten Entgelts zu finden sein.

Auch mit der in Baden getroffenen Bestimmung können wir uns nicht befreunden, wenigstens soweit sie den Reichsausländern gegenüber geltend ist.

Nach Artikel 5 I Ziffer 2 des Einkommensteuergesetzes sind nämlich Reichsausländer, auch wenn sie einen Wohnsitz in Baden haben sollten, steuerfrei, wenn sie einen Wohnsitz im Heimatstaate und eine entsprechende Besteuerung nachweisen.

Dieser im Interesse einer Vermeidung ungerechter Doppelbesteuerung zu weitgehende Verzicht bedeutet wiederum einen Verstoß gegen das Entgeltprinzip. Der im Inland Wohnende hat schlechthin nach Maßgabe seines Gesamteinkommens zu steuern; eine Bevorzugung des durch rechtliche Beziehungen ausgezeichneten Heimatstaates ist durch nichts gerechtfertigt. Antoni (Die Steuersubjekte, S. 62)

---

[1]) Die Kommunalbesteuerung in den Vororten, S. 246. Fischers Zeitschrift. Leipzig 1900.

neigt in dieser Frage ebenfalls dazu, dem Heimatstaate das ausschließliche Recht zur Steuer zu geben. Um eine Doppelbesteuerung der hier in Rede stehenden Art zu vermeiden, „könnte man entweder demjenigen Staat das Besteuerungsrecht, soweit es sich nicht um Grundbesitz und Gewerbebetrieb handelt, zuweisen, in welchem sich der Steuerpflichtige die meiste Zeit im Jahre aufhält, oder, wenn dieser Aufenthalt in keinem der betreffenden Staaten als überwiegend nachzuweisen wäre, seinem ursprünglichen Heimatstaat, d. h. demjenigen, in welchem er zuerst die Staatsangehörigkeit erlangt und später dann auch beibehalten hat. Auch diese Auffassung würde offenbar mit dem von uns vertretenen Grundsatz, welcher den wirtschaftlichen Momenten in erster Linie seine Aufmerksamkeit zollt, im Widerspruch stehen.

Der Gedanke der quotenmäßigen Verteilung des Gesamteinkommens auf alle Wohnsitzgemeinden ist im preuß. KAG. zum Ausdruck gekommen; er bedarf aber eines Kommentars. Wie im Falle mehrerer Wohnsitzgemeinden vorzugehen sei, hat auch das preußische Kommunalsteuer-Notgesetz vom 27. Juli 1885 bereits zu regeln versucht, indem es den § 11 einführte. Dieser bestimmte: Personen, welche wegen eines mehrfachen Wohnsitzes in mehreren Gemeinden zur Einkommensteuer beizutragen verpflichtet sind, „dürfen in jeder dieser Gemeinden nur von einem der Zahl derselben entsprechenden Bruchteil ihres Einkommens herangezogen werden", soweit dasselbe nicht Forensaleinkommen ist. Hatte sonach die Wohnsitzgemeinde das Recht, ein Partialeinkommen selbständig zu besteuern, so trug diese Art der Lösung wohl dem Gedanken gerechten Entgelts in gewisser Weise Rechnung, machte aber jede Besteuerung nach der Leistungsfähigkeit hinfällig. Das KAG. von 1893 brachte nun erst die richtige und gerechte Lösung. Den Wohnsitzgemeinden ist hiernach ein gleiches Recht auf das Gesamteinkommen ausschließlich des Forensaleinkommens in der Art zugestanden, daß im Konkurrenzfalle von mehreren Wohnsitzgemeinden zum Zweck der Veranlagung jeder derselben das Gesamteinkommen gleichzeitig zur Verfügung gestellt wird, d. h. also nicht der Bruchteil des Einkommens zur Veranlagung kommt, sondern das Gesamteinkommen, dessen Steuersatz dann auf die Wohnsitzgemeinden nach deren Zahl gleichmäßig verteilt wird[1]).

Diese für die preußischen Gemeinden geltenden Vorschriften möchten auch für die Staaten entsprechende Anwendung finden, da nur sie den gleichberechtigten Wohnsitzstaaten ihr Entgelt nach Maßgabe der Steuerfähigkeit sichern[2]).

Die Staaten würden diese Verteilung des Gesamteinkommens im Falle mehrerer Wohnsitze bereits übernommen haben, stände ihnen hier nicht das DBG. im Wege. In § 2 Abs. 2 und 3 ist nämlich zu lesen:

„Hat ein Deutscher in seinem Heimatstaate und außerdem in anderen Bundesstaaten einen Wohnsitz, so darf er nur in dem ersteren zu den direkten Staatssteuern herangezogen werden."

In Reichs- oder Staatsdiensten stehende Deutsche dürfen nur in demjenigen Bundesstaate besteuert werden, in welchem sie ihren dienstlichen Wohnsitz haben.

Die hier ausgesprochene Zuweisung des ausschließlichen Steuerrechts an den Wohnsitz des Heimatstaats und den dienstlichen Wohnsitz widerspricht, wie schon gezeigt, der von uns geforderten Gleichberechtigung aller Wohnsitze, die übrigens auch im § 1 des Gesetzes zum Ausdruck kommt.

Das DBG. verläßt hier sein Grundprinzip der Besteuerung nach Maßgabe wirtschaftlicher Zugehörigkeit, indem es einem Staate das Steuerrecht abspricht, obgleich die Person die staatlichen Institutionen in Form des Wohnsitzes in vollstem Maße genießt. Infolge dieser Abweichung des Gesetzes von

---

[1]) § 50 KAG., Abs. 3. „Im übrigen dürfen Personen mit mehrfachem Wohnsitz innerhalb des preußischen Staates in jeder preußischen Wohnsitzgemeinde nur mit dem der Zahl dieser Gemeinden entsprechenden Bruchteile ihres Einkommens herangezogen werden. Zu diesem Behufe wird der für das Gesamteinkommen berechnete Steuersatz auf die Wohnsitzgemeinden nach der Zahl derselben gleichmäßig verteilt."

[2]) Vgl. auch Wttbg. Ges. betr. Gemeinden und Amtskörperschaften, Artikel 28. Bei mehrfachem Wohnsitz eines Steuerpflichtigen in Württemberg haben die beteiligten Gemeinden das Besteuerungsrecht aus dem nach einem etwaigen Abzug in Gemäßheit des Artikels 27 (Forensaleinkommen) verbleibenden Einheitssatz zu gleichen Teilen.

der Regel wird es möglich, daß ein mit seiner Familie in Stuttgart wohnender preußischer Beamter, wenn er einen Wohnsitz in einer preußischen Stadt beibehält (dienstlicher Wohnsitz), trotzdem keine Staatssteuer an den württembergischen Staat entrichtet, die Steuer von seinem Gesamteinkommen vielmehr Preußen ausschließlich zufließt.

Das DBG. hat in diesen Paragraphen eine außerordentlich ungerechte Verteilung der Steuer eingeführt, welche sich noch deutlicher bei der Kommunalbesteuerung zeigt. Obwohl der Beamte seine Kinder den Stuttgarter Schulen zuführt, er selbst in seinen Interessen durch die Einrichtungen der Stadt in hohem Maße gefördert wird, ist es dieser Gemeinde ebenfalls unmöglich, ein Entgelt in Form der Steuer von diesem zu fordern, weil die Gemeinde-Einkommensteuer in Form des Zuschlags zur Staatssteuer erhoben wird. Wir fragen: Ist es gerecht, solche Steuergeschenke zu machen, welche die Opfer der Allgemeinheit der Steuerzahler unter Umständen nicht unbedeutend erhöhen können?

Bei der württembergischen Gemeindesteuerreform hat man sich dieser Ungerechtigkeit zum Teil entledigt; die Kapitalsteuer hat sich nicht an die mangelhaften Bestimmungen des DBG. angeschlossen, vielmehr schlechthin bestimmt, daß ohne Rücksicht auf den Wohnsitz in der Heimatgemeinde der tatsächliche Wohnsitz für die Steuerpflicht maßgebend ist und dem „dienstlichen Wohnsitz“ als solchem ein Steuerrecht nur zuspricht, wenn er sich mit dem „tatsächlichen Wohnsitz“ deckt.

Wir sehen, daß aus dem § 2 Abs. 2 und 3 Verhältnisse entstehen, die zu einer überaus ungerechten Steuerverteilung führen können, die einerseits eine Doppelbesteuerung nicht ausschließen, andererseits eine Verschiebung der Steuerkräfte zur Folge haben, die im Interesse der öffentlichen Verbände nicht wünschenswert sind. Um solche Mißstände im Steuerwesen des Deutschen Reiches zu verbannen, wäre es Sache des zuständigen Bundesrates:

1. die nicht berechtigten Vorrechte des Heimatstaates sowie des dienstlichen Wohnsitzes zu vernichten;
2. im Falle mehrfachen Wohnsitzes den Staaten einen quotenmäßigen Anteil am Gesamteinkommen zu sichern.

III. Der Aufenthalt des Erwerbs wegen.

Während wir in der Wohnsitznahme einen Faktor erblicken, welcher zum Ausdruck bringt, daß man sich die Vorteile eines Staats oder einer Gemeinde voll und ganz zu nutze machen will, kann man dies in der Tatsache eines Aufenthalts des Erwerbs wegen nicht ohne weiteres zugeben. Einem nur vorübergehend anwesenden Kaufmann aus dem Ausland zum Zweck des Abschlusses eines Handelsgeschäfts wird offenbar wenig daran gelegen sein, ob das Verkehrswesen im fremden Staat besonders gut ausgestattet ist, wenn er nur sein Ziel, den Geschäftsabschluß, erreicht. Es wäre aus diesem Grunde auch verkehrt, wollte man solche Personen einer ebenso umfassenden Steuerpflicht unterwerfen wie jene Personen, die einen Wohnsitz im Lande haben. Trotzdem verfährt z. B. Preußen und Baden in dieser Weise. Die Gesetze bestimmen: § 1 Nr. 3. Einkommensteuerpflichtig sind diejenigen Ausländer, welche in Preußen einen Wohnsitz haben oder sich daselbst des Erwerbs wegen oder länger als ein Jahr aufhalten! und Baden erklärt in Artikel 5 I, Ziffer 2, daß Ausländer, welche einen Wohnsitz im Lande haben „oder aber im Großherzogtum eine auf Gewinn gerichtete Tätigkeit ausüben", mit ihrem gesamten Einkommen steuerpflichtig sind.

Es liegt klar zutage, daß man bei genauer Anlehnung an die Worte dieser Gesetzesbestimmungen sich großer Härten gegenüber jenen Personen schuldig macht, die nicht dauernd eine Erwerbstätigkeit im Lande aufnehmen, und z. B. Ausländer besonders hart belastet, wenn man sie wegen eines nur kurzen Aufenthaltes im Lande mit ihrem inländischen und ausländischen Einkommen (Gesamteinkommen) zur Steuer heranzieht. Deshalb sind auch wegen ungerechter Belastung vor dem Oberverwaltungsgericht häufig von dieser Seite Berufungen eingelegt worden, welche in ihrem Resultat dahin gingen, daß anerkannt wurde, daß die Steuerbehörden den Begriff „des Erwerbs wegen" in einer vom Gesetzgeber nicht gewollten Weise extensiv interpretierten, und so der Begriff in sehr enge Schranken zurückgeführt werden mußte. Als notwendige Voraussetzung der Begründung der subjektiven

Steuerpflicht durch Aufenthalt des Erwerbs wegen erscheint jetzt nur: „eine mit der Absicht längerer Dauer und mit dem Hauptzwecke der Erzielung eigenen Erwerbes unternommene Aufenthaltnahme in Preußen“. Kann auch, so führen die Entscheidungen weiter aus, die Dauer des Aufenthaltes nicht nach einem bestimmten, überall gleichen Zeitmaße bemessen werden, so wird doch jedenfalls durch eine rein gelegentliche und vorübergehende, diesen Charakter während der ganzen Dauer des Aufenthalts an sich tragende Erwerbstätigkeit die Steuerpflicht nicht begründet. (E. u. St.S. Bd. 9, S. 6 und Bd. 12, S. 13.)

Diese Voraussetzungen treffen z. B. nicht zu für einen im Dienste eines ausländischen Fabrikanten stehenden ausländischen Monteur, der mit der Aufstellung einer einzelnen, von seinem Geschäftsherrn gelieferten Maschine in Preußen beauftragt ist; denn seine Tätigkeit ist eine rein gelegentliche und vorübergehende, und sein Aufenthalt in Preußen geschieht nicht zum Zwecke des eigenen Erwerbs. Ebensowenig wie den gesetzlichen Vorschriften die Absicht unterstellt werden kann, Ausländer, z. B. einen sein preußisches Gut zu Aufsichtszwecken besuchenden Gutsbesitzer, einen zur Behandlung eines Kranken in Preußen berufenen Arzt, einen seinen zu Vergnügungszwecken reisenden Herrn begleitenden Diener usw. lediglich wegen ihres vorübergehenden, mit entfernten und gelegentlichen Erwerbszwecken verbundenen Aufenthaltes in Preußen nach ihrem ganzen Einkommen und Vermögen wie preußische Staatsangehörige zu besteuern, läßt sich dies für vorübergehend im Auftrag ihres ausländischen Geschäftsherrn in Preußen tätige ausländische Gewerbegehilfen annehmen. (E. u. St.S. Bd. 9, S. 6.)

Endlich soll nach der Absicht des Gesetzgebers die Steuerpflicht der Ausländer erst dadurch begründet werden, daß sie tatsächlich Erwerbszwecke während ihres Aufenthalts in Preußen verfolgen, und daß die Verfolgung der Erwerbszwecke der bestimmende Grund für ihren Aufenthalt in Preußen ist. (E. u. St.S. Bd. 10, S. 16.)

In derselben Frage entscheidet der Bad. Gerichtshof (vgl. Zimmermann, EStG., S. 107): „Daß ein Reichsausländer im Großherzogtum eine auf „Gewinn gerichtete Tätigkeit“ ausübt, wird nur dann anzunehmen sein, wenn die Größe des Erwerbs aus dieser Tätigkeit zu der wirtschaftlichen Gesamtlage des Ausländers in einem derartigen Verhältnis steht, daß der inländische Erwerb, wenn nicht als einziger, so doch als wesentlicher Teil jenes Nahrungszweigs und eben darum verständigerweise als der Zweck erachtet werden kann, wegen dessen er sich im Inland niedergelassen hat.“[1])

Durch die einschränkenden Auslegungen des in Rede stehenden Begriffes seitens der Verwaltungsgerichte wird nach unserer Auffassung wohl vermieden, daß zu weit gehende Belastungen Einzelner eintreten. Um aber vor allem Rechtsunsicherheit bei der Anwendung der Steuergesetze zu beseitigen, müssen wir verlangen, jene, die subjektive (allgemeine) Steuerpflicht mitbegründenden Worte „Aufentalt des Erwerbs wegen“ fallen zu lassen; denn wir müssen annehmen, daß im allgemeinen auch der Wohnsitz im steuerlichen Sinne vorhanden ist, wenn die Voraussetzungen eintreten, welche die Gerichte für einen „Aufenthalt des Erwerbs wegen“ fordern. Damit soll jedoch nicht gesagt sein, daß nun alle jene Einkommen, welche tatsächlich auf eine bloß vorübergehende Erwerbstätigkeit zurückgeführt werden können oder nur den Charakter eines Einkommens aus „gewinnbringender Beschäftigung“ haben, von der Steuer gänzlich befreit werden sollten; auch hier wird zweifellos eine Belastung eintreten müssen, es wird aber nicht die allgemeine (subjektive), vielmehr die „beschränkte“ (objektive) Steuerpflicht einzugreifen haben. Das Entgeltprinzip gestattet es nicht, daß ein öffentlicher Verband Einzelnen Vorteile gewährt, ohne ein Äquivalent dafür zu fordern; Staat und Gemeinde haben vielmehr die Pflicht, alle im Inlande werbenden Einkommensquellen ohne Rücksicht auf den Aufenthalt der Person der Belastung zu unterwerfen (vgl. „Zweiten Abschnitt“). —

[1]) Vgl. auch Oldenburg, EStG., Art. 1. Ziff. 3. Ausführ.-Verordnung.

Zweiter Abschnitt.

Die Besteuerung der Forensen.

1. Kapitel.

Die Aufnahme des Entgeltprinzips in die preußische Gemeinde-Einkommensteuer.

Mehr noch als im Staat mußte sich in der Gemeinde eine alleinige Begründung der Steuerpflicht auf das Bürgerrecht mit der wirtschaftlichen Entwicklung geltend machen, weil hier die interkommunalen Beziehungen, d. h. die Mischung der Bevölkerung, in noch höherem Maße zunahm als im Staate. Schanz hat in seinem Werke „Die Steuern der Schweiz"[1]) nachgewiesen, daß in der Schweiz die ausschließliche Begründung der Steuerpflicht auf das Bürgerrecht zur Folge hatte, daß fast immer die Minorität die schwere Steuerlast zu tragen hatte zugunsten der forensischen Gemeindemitglieder. Es läßt sich hieraus erklären, warum gerade bei den Gemeinden sich eher das Bestreben zeigte, über den Grundsatz der Steuerpflicht der Gemeindezugehörigen hinauszugehen und alle Personen, gleichgültig ob sie an- oder abwesend waren, zur Steuer heranzuziehen, sobald sie Vorteile aus dem Gemeindeverband zogen. Gerade um die Forensen und juristischen Personen der Gemeindesteuer unterwerfen zu können, sind in Preußen schon frühe die „besonderen Gemeinde-Einkommensteuern" herausgebildet worden.

Der richtige Grundgedanke war zwar vorhanden; aus der noch ungenügenden Erkenntnis gerechter Steuergrundsätze aber läßt sich das Chaos von Bestimmungen erklären, welche

---

[1]) Band IV und Finanz-Archiv 1892, S. 17.

sich besonders in den preußischen Städte- und Landgemeindeordnungen wiederfinden. In den Städteordnungen für die östlichen wie für die westlichen Provinzen, für Westfalen und die Rheinprovinz fand sich übereinstimmend die Vorschrift, „daß alle diejenigen, welche, ohne im Gemeindebezirk zu wohnen, daselbst Grundbesitz haben oder ein stehendes Gewerbe betreiben, verpflichtet sind, an denjenigen Lasten teilzunehmen, welche auf Grundbesitz oder Gewerbe oder auf das aus jener Quelle fließende Einkommen gelegt sind. Dagegen kennen die übrigen Gemeindeverfassungsgesetze eine Besteuerung der Forensen und juristischer Personen durch die Einkommensteuer nicht. Die hannoversche Städteordnung (24. Juni 1858) schloß diese Besteuerung der Forensen ausdrücklich aus, gestattete sie dagegen bezüglich der juristischen Personen, die gezwungen werden konnten, das Bürgerrecht zu erwerben.

Die aus solchen Verhältnissen folgende Finanznot der Gemeinden wurde allmählich unerträglich, weshalb Preußen 1871 bereits vergeblich versuchte, durch ein Spezialgesetz die Steuerpflicht der Forensen und juristischen Personen zu regeln.

Die im Jahre 1877 dem preußischen Landtag wiederum vorgelegten Entwürfe der Regierung wurden nach zweimaligem Versuch endlich im Jahre 1885 in Form eines Notgesetzes geltendes Recht. Das Problem der Forensenbelastung war immer in erster Linie die Ursache des Mißlingens der Reformen[1]).

Forensen und juristische Personen einer persönlichen Steuer zu unterwerfen, bietet vor allem dann außerordentliche Schwierigkeiten, wenn man nur eine Steuer aus persönlicher Pflicht anerkennt, nicht aber auch die Steuerpflicht auf den Vorteil, den der Einzelne an Staat und Gemeinde hat, zu begründen für gerecht hält.

Im ersteren Falle wird man nämlich notwendig der Vorstellung folgen, daß es sich im Steuerwesen immer nur um

---

[1]) Vgl. Stenographische Berichte 1871/72, I., S. 620/21. Über die verschiedenen vergeblichen Versuche der preußischen Regierung, ein K.-Abgabengesetz zustande zu bringen, orientiert in vorzüglichem Maße der 5. Band der Anlagen zu den Stenogr. Berichten d. Abg.-Hauses 1892/93.

eine Belastung nach Maßgabe persönlicher Leistungsfähigkeit handeln könne, während es im Interesse gerechten Opferausgleichs offenbar genügt, eine Belastung gewisser Einkommensquellen nach ihrer Steuerfähigkeit zu erstreben.

Dies vorausgeschickt, werden die Einwände, welche man gegen eine Forensenbesteuerung besonders bei den preußischen Reformen vorbrachte, in ihrer Bedeutung geschwächt. Nicht anwesende Personen einer Einkommensteuer (!) zu unterwerfen erscheint den Gegnern der Forensenbesteuerung in erster Linie unhaltbar, weil es Ziel der Einkommensteuer ist, die Gesamtheit der Einkommensarten zusammenfassend nach der Leistungsfähigkeit zu belasten. Von einem Einkommen aus gewerblichem Unternehmen, führten diese weiterhin an, kann ohne Rücksicht auf die Person überhaupt nicht gesprochen werden, noch weniger ein solches berechnet werden, ohne Rücksicht auf die übrigen wirtschaftlichen Verhältnisse der Person, welcher der Reinertrag aus diesen Quellen zufließt. Ferner erscheint ihnen eine in gerechter Weise durchgeführte Schuldenberücksichtigung ganz undenkbar und das Prinzip der progressiven Besteuerung gänzlich hinfällig.

Angesichts dieser Schwierigkeiten versuchte man, die Einkommenbesteuerung der Forensen durch andere Vorschläge zu umgehen, und forderte vor allem eine Belastung dieser lediglich mit Ertragssteuern; wie wenig aber eine Belastung der Forensen durch Realsteuern einem gerechten Steuersystem Rechnung trägt, wurde in der finanzwissenschaftlichen Literatur alsbald nachgewiesen[1]) und zudem gezeigt, daß auch auf diesem Wege die Schwierigkeiten, welche nun einmal die Forensenbesteuerung mit sich bringt, nicht aus der Welt geschafft werden.

Um den Einwänden gegen die Einkommenbesteuerung der Forensen begegnen zu können, müssen wir uns vor allem von der Ansicht emanzipieren, als ob es Ziel wäre, auch nicht anwesende Personen nach denselben Gesichtspunkten behandeln zu müssen, wie die übrigen Personen in der Gemeinde, d. h. nach ihrer persönlichen Leistungsfähigkeit. Diese An-

---

[1]) Vgl. Fr. Jul. Neumann, Die Kommunalsteuerfrage. Schmollers Jahrbuch 1877, S. 145.

nahme weisen wir zurück, weil sie mit dem Wesen der Forensenbesteuerung im Widerspruch steht. Es kann sich hier immer nur im Interesse von Staat und Gemeinde darum handeln, diesen eine Einkommensquelle einer Person — im Gegensatz zum Gesamteinkommen — zu sichern; es soll ihnen durch eine Steuer vom Reinertrag der Quelle ein Äquivalent für die gebotenen Vorteile und provozierten Kosten erhalten bleiben. Dieser Besteuerungsmodus ist dringend geboten, weil hierdurch vermieden wird, daß durch Steuergeschenke an jene mit der Gemeinde wirtschaftlich verbundenen Fremden die Opfer der Gemeinde-Einwohner ungerecht erhöht werden.

Die Gemeinde-Einkommensteuer nur als eine Steuer nach der Leistungsfähigkeit anzusehen, verwirft auch Oberfinanzrat Strutz[1]):

„Lediglich von diesem Gesichtspunkte aus läßt sich die heutige Ausdehnung der Gemeinde-Einkommensteuer mit der Forensalsteuerpflicht und der Beschränkung der Wohnsitzgemeinde auf das durch diese nicht erfaßte Einkommen überhaupt nicht rechtfertigen. Jede Person kann nur eine durch das Einkommen und Vermögen repräsentierte persönliche Leistungsfähigkeit besitzen; Einkommen und Vermögen sind in der Hand einer Person zusammengefaßte Sachgütermengen, subjektive Begriffe, die eine Abstraktion von der Person nicht vertragen; wenn ich das Einkommen nach seiner Herkunft zerlege, so hören eben die Teile auf, Einkommen zu sein, und werden Reinerträge einzelner Ertragsquellen. In einer Gemeinde, in der sich eine Person überhaupt nicht befindet, kann auch keine persönliche Leistungsfähigkeit derselben vorhanden sein, wie umgekehrt dort, wo sich die Person befindet, insolange deren durch das gesamte Einkommen und Vermögen — gleichviel, woher jenes stammt und dieses belegen ist — dargestellte persönliche Leistungsfähigkeit vorhanden ist und begrifflich ungeschmälert dem steuerlichen Zugriffe zur Verfügung stehen müßte. Die ganze Forensalsteuer ist im Grunde nichts weiter als eine Ertragsteuer (besser vielleicht eine Rein-

[1]) Vgl. die Gemeindesteuerreformversuche in Sachsen und Hessen, eine Parallele zum preuß. Kommunalabgabengesetz. Verw.-Archiv 1906, S. 564.

ertragsteuer!), gerechtfertigt durch die Erwägung, daß zur Erzielung des Ertrags oder sogenannten Forensaleinkommens die Veranstaltungen und die Entwicklung der Forensalgemeinde ebenso beitragen, der Forensalbesitz oder Betrieb dieser Gemeinde ebenso Lasten verursacht, wie wenn er einem Ortseinwohner gehörte. Die Forensal-Einkommensteuer beruht also schließlich gar nicht auf der Opfer-, sondern auf der Äquivalenztheorie und bildet einen Beleg für meine früher ausgesprochene Behauptung, daß wenigstens das preußische KAG. sozusagen unbewußt auch dort auf dieser Theorie basiert, wo es nach seinem Programm die Opfertheorie zur Anwendung bringen will."

Nach alledem glauben wir einen Boden gewonnen zu haben, auf welchem wir an die Lösung der uns gestellten Aufgabe herangehen können. Daß Preußen uns hier als Beispiel dienen kann, verdankt es seinem klaren Blick für die Beachtung rechtlicher Grundsätze. „Eine Freilassung des Einkommens der Forensen" — so führt schon der Bericht der Motive von 1879/80 aus — „steht mit den der Aufbringung der Gemeindebedürfnisse zugrunde liegenden Prinzipien nicht im Einklang. Denn der nicht in Abrede zu stellende Umstand, daß auswärtige Grundbesitzer, Bergbau- und Gewerbetreibende in der Gemeinde, in welcher ihr Grundbesitz liegt, und ihr Bergbau oder Gewerbebetrieb stattfindet, sowohl in vielfacher Beziehung an den Vorteilen des kommunalen Verbandes teilnehmen, als auch diesem Verbande direkt und indirekt Ausgaben verursachen, rechtfertigt deren Besteuerung nach dem Prinzip von Leistung und Gegenleistung, während auch bei einer Verteilung der kommunalen Lasten nach dem Grundsatz der Leistungsfähigkeit das im Gemeindebezirk von Auswärtigen gewonnene Einkommen nicht unberücksichtigt bleiben kann."

Unter solchen theoretischen Erörterungen erlangte endlich das sog. „Kommunalsteuer-Notgesetz" vom 27. Juli 1885 Rechtskraft. Es dehnte die Einkommensteuerpflicht weit über den Kreis der bisherigen Personen aus. Neben den juristischen Personen als Erwerbsgesellschaften wurden insbesondere Gemeinden und weitere Kommunalverbände, der Staatsfiskus hinsichtlich seiner Gewerbe, Eisenbahnen und Bergbauunternehmungen steuerpflichtig. Endlich unterwarf § 1 Abs. 3 der Abgabenpflicht: alle physischen Personen, welche in der Gemeinde — ohne daselbst einen Wohnsitz zu haben oder sich länger als drei Monate aufzuhalten — Grundbesitz, gewerbliche Anlagen, Eisenbahnen oder Bergwerke haben, Pachtungen, stehende Gewerbe oder außerhalb einer Gewerkschaft Bergbau betreiben (Forensen). —

2. Kapitel.

Heutiger Stand des gliedstaatlichen Forensalsteuerrechts im allgemeinen.

Während die deutschen Bundesstaaten in ihren Einkommen- und Vermögensteuern das forensale Einkommen und Vermögen nach Maßgabe des § 3 des DBG. fast einheitlich einer Belastung unterziehen, fehlt diese Einheitlichkeit im deutschen Kommunalsteuerwesen gänzlich; das Recht der Forensalbesteuerung in Deutschland in seiner gegenwärtigen Form zeigt, wie wenig man noch das Wesen gerechter Steuergrundsätze erkannt hat, und wie wenig man sich auch bemüht, diese zur Geltung zu bringen.

Während Preußen und Oldenburg eine weitgehende Forensalbesteuerung kennen, haben Württemberg und Baden auf diesem Gebiete erst eine Übergangsstufe in ihrer letzten Gemeindesteuerreform erstiegen. Hessen dagegen steht in dieser Frage noch gänzlich zurück; es kennt noch keine Steuer nach dem Vorteil, huldigt vielmehr noch, um mit Strutz zu sprechen, der Ansicht, daß es sich in der Einkommensteuer immer nur um eine Belastung nach der persönlichen Leistungsfähigkeit handeln müsse, die begrifflich nicht in mehrere örtliche Teilleistungsfähigkeiten zerrißen werden könnte, ohne ihres subjektiven Charakters entkleidet zu werden.

*1. **Oldenburg*** hat in zwei Gesetzen die Materie abschließend geregelt. Es erfaßte zuerst mit Gesetz vom 1. Februar 1888 nur solche Personen, die außerhalb des Herzogtums wohnten, aber Grundbesitz im Inland hatten. Diese Regelung stellt nur einen Übergang zu einer rationellen

Forensenbelastung dar; denn mit einer Besteuerung nur jener Ausmärker, welche im Ausland wohnen, wäre den Gemeinden nicht sehr viel geholfen und dem Grundsatz der Belastung nach dem Interesse nur zum Teil Rechnung getragen. Bedurfte es doch nur einer Verlegung des Wohnsitzes aus dem Ausland in eine andere, inländische Wohnsitzgemeinde (im Gegensatz zu der Betriebsgemeinde), um der Forensalgemeinde die Steuerleistung des Forensen zu entziehen! Eine Forensalbesteuerung nimmt keine Rücksicht auf den Wohnsitz der Person, belastet vielmehr lediglich die Einkommensquelle am Ort der Entstehung.

Mit dem oldenburgischen Gesetz vom 23. März 1891 [betreffend die Heranziehung der inländischen Aktiengesellschaften, eingetragenen Genossenschaften, Forensen zu den Gemeinde- und Schullasten] war der Übergang geschaffen, und die Reform fand ihren Abschluß in der Gemeindeordnung vom 12. Mai 1906, Art. 47 § 2.

Neben den Gemeindeangehörigen und juristischen Personen werden auch „die außerhalb der Gemeinde im Herzogtum wohnenden natürlichen Personen (Forensen) steuerpflichtig, und zwar hinsichtlich des ihnen aus dem Besitz von Grundeigentum oder gewerblichen Anlagen oder aus dem Betriebe von Pachtungen oder stehenden Gewerben mit Ausnahme der Reederei zufließenden Einkommens, soweit das steuerpflichtige Einkommen (Art. 5—13 des Einkommen-Steuer-Gesetzes vom 12. Mai 1906) aus diesen Quellen in der Gemeinde wenigstens die Summe von 150 M jährlich erreicht (vgl. auch Gesetz vom 23. März 1891).

Ferner bleiben steuerpflichtig die nach Art. 2 des Einkommen - Steuer - Gesetzes vom 12. Mai 1906 angesetzten juristischen und die außerhalb des Herzogtums sich aufhaltenden natürlichen Personen, soweit die Ansetzung nicht wegen des Bezugs von Gehalten, Wartegeldern oder Pensionen erfolgt ist, nach ihrem Ansatze zur Einkommensteuer für ihr aus der Gemeinde bezogenes Einkommen."

2. ***Württemberg, Baden*** *und* ***Hessen.*** Nicht so konsequent wie Oldenburg haben Württemberg und Baden die Frage gelöst.

Es waren hier in erster Linie lokale Schwierigkeiten zu berücksichtigen, die freilich nicht in der Weise maßgebend sein durften, wie sie es tatsächlich gewesen sind.

Gleichzeitig mit der württembergischen Staatssteuerreform erfuhr auch das Gemeindesteuerwesen durch das „Gesetz betreffend die Besteuerung der Gemeinden und Amtskörperschaften vom 8. August 1903“ eine durchgreifende Umbildung. Die uns interessierende Forensenbesteuerung blieb Stiefkind, ihre gründliche Reform wurde mit folgender Begründung zur Seite geschoben: „Bei der weitgehenden Parzellierung und den ausgedehnten Ausmärkerverhältnissen ließe sich bei uns das preußische System nur mit den größten Schwierigkeiten durchführen. Vielfach wäre eine Verteilung des steuerbaren Einkommens auf einzelne kleine Parzellen geradezu unmöglich. Hierzu kommt, daß — besondere Verhältnisse ausgenommen, welche durch Art. 27 berücksichtigt werden sollen, — die Ausmärkerverhältnisse der Gemeinden für die Regel sich wieder gegenseitig ausgleichen.“

Abgesehen von solchen sehr allgemeinen Erklärungen, die nicht sehr überzeugend wirken, läßt sich in der getroffenen Regelung der Steuerpflicht nur zu deutlich die Zuneigung zum „Hergebrachten“ erkennen, welche eine an sich gebotene Forderung nicht verwirklicht.

Artikel 26 stellt den Grundsatz auf, daß im Zweifel die Wohnsitzgemeinde ohne Rücksicht auf den Ort seiner Entstehung das Gesamteinkommen besteuern darf, — „da die Einkommensteuerpflicht sich nach der Leistungsfähigkeit richtet und diese nur aus der Gesamtheit des Einkommens eines Steuerpflichtigen bemessen werden kann“. Mit diesem Gedanken, der auch in der badischen Reform vertreten war, wird der Grundsatz „Leistung nach Gegenleistung“ für das württembergische Steuersystem grundsätzlich negiert und nur der Grundsatz der Besteuerung nach der Leistungsfähigkeit [Steuer aus persönlicher Pflicht] aufgenommen.

Daß freilich aus alleiniger Verfolgung des Prinzips einer Steuer am Wohnsitz eine im höchsten Maße ungerechte Verteilung erstehen mußte, erkannte auch die württembergische Regierung. Die Motive zu Art. 27 sagen: „So richtig im

Prinzip der im Art. 26 aufgestellte Grundsatz der Besteuerung am Wohnort sein dürfte, so kann derselbe doch unter Umständen zu Unbilligkeiten führen, dann nämlich, wenn es sich um bedeutendere Steuerobjekte handelt, und eine Ausgleichung zwischen den beteiligten Gemeinden nicht stattfindet." „Deshalb", sagt der Entwurf weiter, „erklärt sich Art. 27 als eine Abweichung von der Regel."

Diese grundsätzlichen Auffassungen vorausgeschickt, kommen wir dazu, die tatsächliche Regelung unserer Frage darzustellen.

Nachdem in Art. 30 das Einkommen aus Grundbesitz und Gewerbebetrieb ohne Einschränkung der Gemeinde der Lage gesichert ist, soweit der Besitzer außerhalb Württembergs seinen Wohnsitz hat, ist der Entstehungsgemeinde das Einkommen nur beschränkt zugewiesen, wenn der Besitzer innerhalb Württembergs, aber außerhalb der Erwerbsgemeinde seinen Wohnsitz hat.

Art. 27 lautet wörtlich:

„Wenn ein Steuerpflichtiger in einer anderen Gemeinde als in derjenigen des Wohn- oder Aufenthaltsortes oder Verwaltungssitzes gemeindesteuerpflichtige Grundstücke, Gebäude und Gewerbe mit einer Katastersumme von zusammen mindestens 500 Mark besitzt, so kann die Gemeinde, in welcher der Grund- und Gebäudebesitz liegt, oder der Gewerbetrieb stattfindet, sobald sie Einkommensteuer erhebt, beanspruchen, daß ihr ein Teil des aus dem Gesamteinkommen berechneten Einheitssatzes der staatlichen Einkommensteuer des Steuerpflichtigen behufs Heranziehung zu ihrer Gemeinde-Einkommensteuer zugewiesen wird. Der Anteil beträgt $^3/_4$ desjenigen Betrags des Einheitssatzes, welcher bei verhältnismäßiger Verteilung des letzteren nach dem Einkommen aus den verschiedenen Arten von Einkommensquellen (Art. 6 EStG.) auf den innerhalb der Markung der anteilsberechtigten Gemeinde liegenden Grund- und Gebäudebesitz und Gewerbebetrieb entfällt."

Nicht viel besser wird im badischen Gesetz betreffend die Gemeinde- und Städteordnung vom 19. Oktober 1906 die Frage zu lösen versucht.

„Wenn nämlich (§ 89) gemeindesteuerpflichtige physische Personen, welche im Großherzogtum ihren Wohnsitz haben, oder wenn mehrere solcher Personen gemeinschaftlich ein gewerbliches Unternehmen in einer anderen badischen Gemeinde betreiben, als in welcher sie zur Einkommensteuer staatlich veranlagt sind (Wohnsitzgemeinde), so kann die Gemeinde des Gewerbebetriebs (Forensalgemeinde) — vorausgesetzt, daß in derselben das betreffende Unternehmen mit einem Steuerwert des gewerblichen Vermögens von mindestens 75000 M zur Gemeindebesteuerung beigezogen wird — verlangen, daß ihr von demjenigen Teile der Einkommensteueranschläge der an dem Unternehmen beteiligten Personen, welcher bei verhältnismäßiger Verteilung nach den verschiedenen Einkommensquellen (Art. 2 Ziff. 1—4) auf das betreffende Gewerbeunternehmen entfällt, $^{7}/_{10}$ behufs Beizugs zur Gemeindebesteuerung zugewiesen werden."

Bevor wir an die kritische Beurteilung dieser Gesetzgebung herantreten, soll kurz noch der Stand in Hessen dargelegt werden, wo sich ebenfalls der Streit geltend macht, ob im Grunde neben einer Steuer nach dem Gesamteinkommen auch eine solche nach dem Interesse berechtigt ist.

Das als ein „Notgesetz" anzusehende „Gesetz betreffend die Gemeindeumlagen vom 30. März 1901" gibt noch völlig einseitig dem Wohnsitz ein ausschließliches Recht zur Einkommensbesteuerung. Der Art. 2 Abs. 2 des geltenden Rechts schließt in Hessen eine Forensalsteuer aus; denn er sagt: „Personen, welche im Großherzogtum wohnen, sind mit ihrem Einkommen aus Grundbesitz oder Gewerbebetrieb an ihrem Wohnort steuerpflichtig, auch wenn der Grundbesitz außerhalb des Wohnortes liegt, oder das Gewerbe außerhalb betrieben wird; hierbei macht es keinen Unterschied, ob der Grundbesitz innerhalb oder außerhalb des Großherzogtums betrieben wird."

Dieser dem Prinzip gerechter Steuerverteilung durchaus widersprechende Art. 2 verdankt seine Entstehung der Überschätzung der Schwierigkeiten, welche sich auch in Hessen entgegenstellten, sobald man versuchte, die Forensenbesteuerung zu verwirklichen.

Dr. Gutfleisch stellt bei Beratung des Gesetzes die Frage an das Haus: „Wie will man den Mann, der z. B. an drei Orten Grundstücke hat, die er teilweise verpachtet, teilweise selbst bewirtschaftet, der vielleicht noch kleine Gewerbe da und dort betreibt, also nicht bloß am Platze, sondern auch auswärts Geschäfte sucht, besteuern, wenn nicht am Wohnort?!"

Da sachliche Einwände gegen solche Ausführungen nicht erhoben wurden, machten diese vermeintlichen Schwierigkeiten solchen Eindruck, daß der Entwurf der Regierung unverändert Annahme fand.

Das hessische Gemeindeabgabengesetz von 1901, welches mehr den Charakter eines Notgesetzes trug, wollte die Regierung ersetzen und legte deshalb im Jahre 1904 den gesetzgebenden Körperschaften einen Entwurf vor. Prüfen wir diesen, leider an den Einsprüchen der I. Kammer gescheiterten Entwurf auf die Durchführung der Forensenbesteuerung, so können wir hier eine rationellere, wenn auch nicht vollkommene Regelung der Frage feststellen.

In Art. 26 werden nämlich neben solchen Personen, die im Lande einen Wohnsitz haben, auch jene herangezogen, „die im Großherzogtum zwar keinen Wohnsitz oder Sitz haben, aber aus dem Großherzogtum Einkommen aus Grundbesitz oder Gewerbebetrieb beziehen".

Damit ist eine gründliche Wendung in der hessischen Steuerpolitik eingetreten; möge hier die wörtliche Begründung welche die Regierung gegeben hat, folgen:

„Die Regelung, das Einkommen aus Grundbesitz und Gewerbebetrieb am Orte der belegenen Sache zur Gemeindeeinkommensteuer heranzuziehen, scheint als die innerlich berechtigtere; sie sichert der Gemeinde dafür, daß in ihr und unter dem Schutze und mit Hilfe ihrer Einrichtungen das Einkommen gewonnen wird, auch dessen Besteuerung, auf die sie zweifellos einen besseren Anspruch hat, als die Wohnsitzgemeinde, die für ihr Besteuerungsrecht lediglich die Tatsache anführen kann, daß der Steuerpflichtige in ihr wohnt, und daß er dort sein Einkommen ganz oder teilweise verbraucht, somit ohnedies wenigstens mittelbar der Wohnsitzgemeinde auch steuerliche Vorteile bringt."

Die Besteuerung des Forensaleinkommens erleidet aber auch hier eine Einschränkung durch die Bestimmung des Art. 28 Ziffer 2, welcher in Analogie zu den badischen und württembergischen Vorschriften bestimmt, daß das Forensaleinkommen der Einkommensteuer nur dann unterliegt, „sofern der Grundbesitz oder das Anlage- und Betriebskapital, aus dem das Einkommen fließt, in dieser Gemeinde mit einem Werte von mindestens 10000 Mark zur Gemeindesteuer herangezogen ist".

Diese Begründung der Forensalsteuerpflicht mit dem Vorhandensein gewisser Vermögensobjekte in der Erwerbsgemeinde kann uns nicht befriedigen.

Daß Württemberg das Forensalsteuerrecht erst mit dem Vorhandensein von einem Katasterwert von 500 Mark, Baden mit einem Steuerkapital von 75000 Mark (also etwa 3000 Mark Ertrag) beginnen läßt, ist reinen Zweckmäßigkeitserwägungen zuzuschreiben. Ähnlich wie Württemberg sagt die hessische Begründung zu dieser u. E. unberechtigten Benachteiligung der Forensalgemeinde: „Der Grundsatz der Besteuerung des Einkommens aus Grundbesitz und Gewerbebetrieb in der Belegenheitsgemeinde läßt sich indes insbesondere bei dem stark zersplitterten Grundbesitz im Großherzogtum nicht strikte durchführen; zur Verminderung einer außerordentlich umfangreichen und zum Erfolg für die einzelnen Gemeinden in gar keinem Verhältnis stehenden Arbeit erscheint es vielmehr notwendig, eine Mindestgrenze für das Besteuerungsrecht in der Belegenheitsgemeinde festzusetzen."

Ist vom technischen Standpunkt aus für das Einkommen aus Grund und Boden eine gewisse Untergrenze in dieser Art gerechtfertigt, so widerspricht es einem gerechten „Interessenausgleich", die Steuerpflicht für forensales gewerbliches Einkommen von äußeren Merkmalen wie Grund-, Gebäudebesitz usw. abhängig zu machen. Hierdurch könnte in nur ganz lückenhafter Weise dem Prinzip, auf welches sich die Forensalsteuer allein begründet, Rechnung getragen werden. Unseres Erachtens dürfen hier Zweckmäßigkeitsgründe nicht ausschlaggebend sein. Würde man diesen folgen und die Steuerpflicht in obiger Weise begrenzen, dann gingen z. B. alle jene in den Vororten der Großstädte liegenden Großbetriebe [Brauereien, Lohnkutschereien u. a. m.], die in der City nur durch Filialen, Kontore, Lagerräume, d. h. ohne ertragssteuerpflichtige Objekte dort zu haben, hohe Gewinne durch die ihnen zu Gebote stehenden öffentlichen Einrichtungen erzielen, steuerfrei aus.

Diese Regelung entspricht somit nicht dem Zwecke, aus welchem sie entstanden ist[1]).

Nicht günstiger äußert sich übrigens Strutz[2]) zu dieser Frage: „Der Vorschlag, die Forensalbesteuerung bei geringeren Objekten auszuschließen, wird doch, ganz abgesehen davon, daß er theoretisch folgerichtig nicht ist, der Zweckmäßigkeitserwägung der Vermeidung von gegenüber der Höhe der Steuer unverhältnismäßigen Weitläufigkeiten nur in beschränktem Maße gerecht; er versagt, wo das Bruttoeinkommen aus größeren forensalen Quellen durch die auf denselben haftenden Schuldenzinsen und Lasten bis auf ein Minimum absorbiert wird. Diese Erwägung könnte den Gedanken nahelegen, die Zulässigkeit der Forensalbesteuerung statt von der Katastersumme von dem — unter Verteilung der Schuldenzinsen und Lasten auf die Teile des Gesamteinkommens nach der Bruttohöhe des letzteren berechneten — Nettoeinkommen oder dem Nettowerte der forensalen Vermögensobjekte abhängig zu machen. Hiergegen spricht indes, daß dann in allen Fällen festgestellt werden müßte, ob der Nettowert bzw. das Nettoeinkommen die Grenze der Forensalsteuerpflicht erreicht. Jedenfalls — so schließt Strutz die Betrachtung — besitzt der württembergische Vorschlag vor der preußischen Gesetzgebung den Vorzug größerer praktischer Einfachheit, dagegen den Nachteil der Prinziplosigkeit."

Es genügt uns hier, die Auffassung eines theoretisch wie praktisch durchgebildeten Mannes über die in Rede stehende Gesetzgebung wiedergegeben zu haben; wir werden an anderer Stelle nachweisen, wie die preußische Kommunalsteuerpolitik von Zweckmäßigkeitsfragen sich nicht hat beeinflussen lassen.

Neben diesem Mangel mißfällt uns der besonders in Württemberg ausgesprochene fakultative Charakter der Forensalbesteuerung. Die Gemeinde „kann" als Forensalgemeinde ein Recht auf die Steuer des Fremden geltend machen; sie braucht es aber nicht. Die Bestimmung in Artikel 27 Absatz 3, wonach der Forense ein Recht hat, über die von ihm

---

[1]) Über die hier einzureichende Frage, was unter steuerpflichtigem Einkommen aus Gewerbebetrieb zu verstehen ist, vergl. Kap. 5 Nr. 2.

[2]) Verwaltungsarchiv 1897, S. 525.

zu zahlende Steuer zugunsten der Forensalgemeinde „zu verfügen“, erscheint uns ein zweifelhafter Weg, eine gerechte Steuerverteilung zu erzielen.

Wenn die Regierung glaubt, daß auch bei größeren Steuerobjekten „eine gegenseitige Ausgleichung zwischen den beteiligten Gemeinden stattfinden kann“, und deshalb den Gemeinden es überläßt, „an der gesetzlichen Regel, d. h. der Besteuerung am Wohnsitz festzuhalten“, so erscheint uns mit dieser Freiwilligkeit der Regelung der Forensenbesteuerung nichts mehr als eine Gelegenheit geboten zu sein, zu dem alten, freilich bequemen Besteuerungssystem zurückzukehren. Anstatt Erleichterungen für die Steuerbehörden zu schaffen, ist lediglich Rechtsunsicherheit in die württembergische Kommunalsteuergesetzgebung hineingetragen worden, welche die Konkurrenz steuerberechtigter Gemeinden um gewisse Steuerkräfte zum Nachteil der Gemeinden wie der Steuersubjekte noch vermehren wird.

Zum Schluß dieses Kapitels sollen noch die Verhältnisse in Sachsen einer Untersuchung unterzogen werden.

*3. **Sachsen.*** Die weitgehende „Autonomie“ der sächsischen Gemeinden hat in bezug auf das Steuerwesen wohl einerseits Vorteile mit sich gebracht; in letzter Zeit machen aber die aus ihr hervorgehenden ungesunden Verhältnisse sich besonders fühlbar. Hat die Selbständigkeit der sächsischen Gemeinden viel dazu beigetragen, die Einkommenbesteuerung zu vervollkommnen, so darf man wohl auch sagen, daß die Regelung subjektiver und objektiver Steuerpflicht in Sachsens Gemeinden recht im argen liegt[1]).

Die Steuerordnungen bewegen sich oft in allgemeinen und unbestimmten Ausdrücken, aus denen der Beteiligte weder die Voraussetzungen, unter denen er steuerpflichtig sein soll, noch den Umfang seiner Beitragspflicht zu erkennen vermag. „Nicht selten“, sagt Wachler, „findet man zwar den allgemeinen

---

[1]) Vergl. besonders Fr. Jul. Neumann, Zur Gemeindesteuerreform in Sachsen. — Wachler, Erfahrungen und Wünsche im Abgabenwesen. — Fischers Zeitschrift, Band 25. — Dekret der kgl. Regierung Nr. 29. 1904 und seine Statistik.

Satz, daß der Gemeindebedarf durch eine Einkommensteuer aufzubringen sei, daneben aber weder den Ausspruch, daß sich die Veranlagung der Steuereinkommen der Staatseinkommensteuer anschließen soll, noch die in Ermangelung eines solchen Anschlusses doch unentbehrliche Bestimmung über Begriff und Berechnung des Einkommens, zulässige Abzüge und dergleichen". — Wir führen diese Äußerungen an, weil aus solchen Zuständen in Beziehung auf das Forensalbesteuerrecht die Vermutung besonders nahe liegt, daß eine äußerst ungleichmäßige Belastung forensaler Einkommen, welche ja in der Regel sich nicht mit dem staatssteuerpflichtigen Einkommen decken, die Folge sein muß. Dazu kommt noch, daß die Vorschriften, soweit sie die Ausmärker betreffen, in äußerst knapper Form in die „Revidierte Städte- und Landgemeinde-Ordnung" Eingang gefunden haben, und die Grundsätze, soweit sie sich auf das Maß der Belastung der Einzelnen zueinander beziehen, mit dürren Worten wie „verhältnismäßig", „angemessen" abgetan werden.

Die wichtige Frage der Forensenbesteuerung wird für Sachsen in den §§ 26 und 27 abschließend geregelt. Sie lauten:

„Staatsangehörige, welche keinen wesentlichen Wohnsitz „im Lande haben, aber eine direkte Staatssteuer am Orte „entrichten, können zur angemessenen Mitleidenschaft (!) an den „Gemeindelasten gezogen werden."

§ 27 a. a. O. gewährt das Recht der Forensalbesteuerung, indem er bestimmt:

„Die Mitleidenschaft an den Gemeindelasten kann wegen „Grundbesitzes nur dort, wo das Grundstück gelegen ist, wegen „Gewerbebetriebs nur dort, wo die gewerbliche Niederlassung „besteht, in Anspruch genommen werden."

Ist hiermit wohl der Grundgedanke einer Steuer nach wirtschaftlicher Zugehörigkeit ausgesprochen, so mangelt es doch sehr an Hinweisen, welche ein Eindringen in das Wesen dieses Grundprinzips gestatten; denn nur dadurch ist eine gerechte und vor allem auch im Interesse der Körperschaften rationelle Steuer gesichert.

Wozu diese oberflächliche Fassung das sächsische Gemeindesteuerrecht in der Gegenwart geführt hat, sagt uns das kgl. Dekret Nr. 29:

„In formell wie materiell rechtlicher Beziehung liegt naturgemäß das interkommunale Steuerrecht im argen. Hier, wo die Interessen der einzelnen Gemeinden sich oft widerstreiten, muß der Mangel näherer gesetzlicher Bestimmungen um so fühlbarer werden, je mehr infolge des Bevölkerungszuwachses und der fortschreitenden wirtschaftlichen Entwicklung die Abgeschlossenheit der einzelnen Gemeinden von der Außenwelt durchbrochen wird, und Wechselbeziehungen entstehen, die sich vielfach kreuzen müssen. Dies führt nicht selten zu einer drückenden Doppelbesteuerung der Pflichtigen bei Anwendung des § 27, oder wenn Anfang und Ende der Steuerpflicht widersprechend geregelt sind."

Und Oppe[1]) konstatiert, daß fast alle Gemeinden die Besteuerung des Einkommens von auswärtigem Grundbesitz und Gewerbe vorschreiben, allerdings meist mit der Einschränkung, daß es nur zu einem Bruchteil (!), und zuweilen, daß es nur dann herangezogen wird, wenn es einen wesentlichen Teil des Gesamteinkommens des Beitragspflichtigen bildet.

Im Hinblick auf solche Zustände hatte die Regierung es sich schon vor einigen Jahren angelegen sein lassen, auf die Bedeutung gerechter Steuergrundsätze in Form einer ministeriellen Verordnung hinzuweisen, deren Gedanken dann auch in den leider von den Kammern im Jahre 1904 abgelehnten Gesetzentwurf, betreffend die Gemeindeumlagen, übernommen wurden, und welche eine Besserung erwarten ließen. In richtiger Erkenntnis führt das Ministerium aus[2]): „... daß die finanzielle Leistungsfähigkeit der Beitragspflichtigen durchaus nicht den einzigen Maßstab für die Verhältnismäßigkeit der Gemeindesteuer bilden dürfe. Es erscheine nicht ausreichend bedacht zu sein, daß die ausschließliche oder doch überwiegende Aufbringung der Gemeindebedürfnisse mittels der Einkommensteuer ohne Rücksicht auf den Zweck und die Wirkung der betreffenden Gemeindeausgaben dem Grundsatze der Verhältnismäßigkeit insofern geradezu widerspreche, als ein

---

[1]) Zur Reform des Gemeindesteuerwesens. Fischers Zeitschrift, Bd. 25. (Sonderabdruck S. 26.)

[2]) Die Verordnung ist abgedruckt in Fischers Zeitschrift, Band 26, S. 203.

Teil dieser Bedürfnisse und Ausgaben durch den Grundbesitz oder Gewerbebetrieb entweder veranlaßt werden oder doch ihnen fast ausschließlich zugute kommen, so daß es ein Gebot der Gerechtigkeit oder doch Billigkeit sei, diese Ausgaben und Lasten als Entgelt oder Leistung nach dem Interesse umzulegen, beziehentlicht sie vorzugsweise von denjenigen Klassen von Gemeindegliedern tragen zu lassen, denen sie besonders zugute kommen."

Diese Ausführungen haben ihre Wirkung nicht verfehlt; wir erkennen wenigstens in der Ansicht der Kommission, welche das Dekret Nr. 29 einer Beratung unterzogen hat, einen bedeutenden Fortschritt, indem sie dem Prinzip „einer Steuer nach dem Interesse" die Berechtigung zuerkannt hat und infolgedessen auch darüber einig ist, daß ein Gemeindesteuergesetz im Sinne des preußischen KAG. geschaffen werden müsse.

Der Bericht (Nr. 253) der II. Kammer spricht sich für eine gründliche Forensalsteuerreform aus, indem er erklärt:

„Die Bestimmungen über die Verteilung des gemeindesteuerpflichtigen Einkommens aus einem sich über mehrere sächsische Gemeinden erstreckenden Gewerbebetrieb, die Regelung, was zu gelten habe, wenn sich ein Gewerbebetrieb über sächsische und nichtsächsische Gemeinden erstreckt, die Regelung des Steuerrechts zwischen Wohnsitz- und Betriebsgemeinde, die Verteilung des steuerpflichtigen Einkommens zwischen mehreren Wohnsitzgemeinden, die Bestimmungen über die Höchstabschätzung von Personen, die in mehreren sächsischen Gemeinden steuerpflichtig sind, halten die Deputation für zweckmäßig und notwendig, wenn sie sich auch nicht ohne weiteres mit der Regelung, so wie dieselbe im Gesetzentwurf vorgesehen ist, in allen Punkten einverstanden erklären kann."

Scheint somit auch im Königreich Sachsen die Frage der Forensalbesteuerung einen nicht unwesentlichen Teil der zukünftigen Gemeindesteuerreform auszumachen, so ist es wohl im weiteren angebracht, aus der Fülle der Einzelfragen welche sich auf dem in Rede stehenden Gebiet ergeben, die wichtigsten einer Erörterung zu unterziehen, welche zur Orientierung auf diesem verwickelten Gebiet des Steuerwesens dienen mögen.

3. Kapitel.

Einzelfragen, welche sich aus dem Problem der Forensenbesteuerung ergeben, erörtert im Anschluß an das preußische Recht.

1. Das Verhältnis der Wohnsitzgemeinde zur Forensalgemeinde.

Der Grundsatz, daß jedes Einkommen derjenigen Gemeinde zur Besteuerung verbleiben müsse, in welcher es entsteht, könnte in seiner Allgemeinheit zu einer bedenklichen Entziehung von Steuern aus der Wohnsitzgemeinde führen, nämlich dann, wenn alle Einkommensquellen einer Person in anderen Gemeinden als in der der Wohnsitzgemeinde liegen, so daß das Gesamteinkommen identisch ist mit dem Forensaleinkommen. Vom Standpunkt einer Steuer nach dem Interesse muß deshalb obiger Satz eine Modifikation erleiden, die dahin lautet, daß die Wohnsitzgemeinde in diesem Falle einen Bruchteil des Forensaleinkommens beanspruchen kann; denn es kann nicht zugegeben werden, daß ein Kommunalverband, der die Person schützt und ihr die öffentlichen Einrichtungen in weitgehendem Maße zur Verfügung stellt, kein Entgelt für diese Dienste erhalten soll.

Diesen Erwägungen huldigt offenbar Preußen in § 49 Abs. 2, KAG., indem es erklärt: „Die Gemeinde, in welcher der Steuerpflichtige seinen Wohnsitz hat, ist jedoch, wenn das steuerpflichtige Einkommen weniger als ein Viertel des Gesamteinkommens beträgt, berechtigt, durch Gemeindebeschluß ein volles Viertel des Gesamteinkommens (unter entsprechender Verkürzung des einer oder mehreren Forensalgemeinden zur Besteuerung zufallenden Einkommens) für sich zur Besteuerung in Anspruch zu nehmen."

Wir finden in dieser Regelung eine solche, welche dem Prinzip durchaus zu entsprechen geeignet ist, weil sie vor allem das Forensaleinkommen schützt und eine Verkürzung desselben zugunsten der Wohnsitzgemeinde nur bedingt gestattet, nämlich nur in dem Ausnahmefall, daß der Wohnsitzgemeinde weniger als ein Vierteil, der Forensalgemeinde aber mehr als drei Viertel des Gesamteinkommens zur Verfügung steht. Nicht in diesem Sinne haben z. B. Württemberg und Baden diese Frage gelöst. In diesen Staaten ist die Forensalgemeinde bedeutend ungünstiger gestellt, weil hier nicht nur in dem speziellen Falle, daß das Einkommen am Wohnsitz in besonders auffallendem Mißverhältnis steht zu demjenigen der Forensalgemeinde, letztere sich eine Verkürzung gefallen lassen muß, sondern regelmäßig der Forensalgemeinde ein Teil ihres Einkommens genommen wird. Indem § 27 des wttbg. Gesetzes ganz allgemein bestimmt, daß der Anteil der auf die Forensalgemeinde entfallenden Quote des Einheitssatzes nur zu $^{3}/_{4}$ (Baden $^{7}/_{10}$) der Forensalgemeinde verbleibt, wird diese ungebührlich in Nachteil, die Wohnsitzgemeinde dagegen ungebührlich in Vorteil gesetzt. Wir finden es wenigstens durch nichts gerechtfertigt, warum die Wohnsitzgemeinde noch $^{1}/_{4}$ des Forensaleinkommens erhalten soll, wenn sie ebenso wie letztere z. B. die Hälfte eines Gesamteinkommens schon zur Verfügung stehen hat, also durchaus nicht ungünstiger gestellt ist.

Am weitesten ging in dieser Tendenz einer Vergünstigung der Wohnsitzgemeinde Oldenburg. In dem Entwurf „betreffend die Besteuerung der Forensen und juristischen Personen" vom Jahre 1891 wollte Artikel 6 die Hälfte des Forensaleinkommens der Wohnsitzgemeinde gesichert wissen. Die Motive sagen hierzu: „Berücksichtigt man, daß die Wohnsitzgemeinde, da sie die Person der ihr Angehörenden mit deren gesamten Verhältnissen durch ihre Einrichtungen schützt und fördert, einen Anspruch auf deren Besteuerung hat, und daß dieser Anspruch nur so weit zurückgedrängt wird, als ein konkurrierender Anspruch der Belegenheitsgemeinde entgegentritt, so erscheint es gerechtfertigt, das Forensaleinkommen hinsichtlich der Gemeindebesteuerung der Wohnsitzgemeinde und der Belegenheitsgemeinde je zur Hälfte zuzuweisen."

Die Motive wenden sich dann vor allem gegen die preußische Regelung mit den Worten: „Das preußische Gesetz vom 27. Juni 1885 ist nicht so weit zugunsten der Wohnsitzgemeinde gegangen, indem es im § 9 bestimmt, daß die Gemeinde, in welcher der Abgabepflichtige seinen Wohnsitz hat, berechtigt ist, wenn das in ihr steuerpflichtige Einkommen weniger als ein Viertel des Gesamteinkommens beträgt, ein Viertel des Gesamteinkommens für sich in Anspruch zu nehmen. Es hat indessen schon im Hinblick darauf für bedenklich erachtet werden müssen, sich in diesen Punkten dem preußischen Vorgehen anzuschließen, — da die Heranziehung des gesamten Einkommens am Wohnsitz bisher bei uns als Grundpfeiler für die Personalbesteuerung der Gemeinden gegolten hat, und ein allzu scharfer Bruch mit der Vergangenheit vermieden werden muß." Aus diesen Worten spricht nur zu deutlich, daß lediglich die Neigung, das „Hergebrachte" bestehen zu lassen, die dem Prinzip gerechten Entgelts widersprechende Bestimmung des Artikels 6 hat Gesetz werden lassen; ingleichen werden wir auch nicht falsch urteilen, wenn wir die Vorschriften im württembergischen und badischen Gesetz auf Bequemlichkeit zurückführen. Wir müssen, um hier zu einem brauchbaren System zu gelangen, welches allen Forderungen entspricht, streng dem einmal anerkannten Prinzip „wirtschaftlicher Zugehörigkeit" folgen und uns frei machen von der Auffassung, als ob die Wohnsitzgemeinde allein ein Recht auf die Steuerkräfte habe. Das preußische Recht entspricht offenbar mehr dem Grundsatz „gerechten Entgelts", weil es der Wohnsitzgemeinde erst dann einen Anspruch auf das außerhalb ihres Bezirks entstehende Einkommen zugesteht, wenn der durch den Wohnsitz begründete Steueranspruch an die Person durch ganz besondere Umstände entzogen zu werden droht.

Auf diesen Boden und somit gegen eine unberechtigte Vergünstigung der Wohnsitzgemeinde stellte sich übrigens auch der „Ausschuß" in Oldenburg, wenn er den Antrag stellte, daß die Wohnsitzgemeinde nicht die Hälfte, sondern nur ein Drittel des Forensaleinkommens erhalten sollte. Bestimmend für diese Forderung war namentlich, daß der Steuerpflichtige in der Regel außer dem Forensaleinkommen auch noch sonstiges Einkommen hat, welches lediglich in der Wohnsitzgemeinde zur Versteuerung kommt, und das in den meisten Fällen ein hinlängliches Entgelt dafür bieten wird, daß der Steuerpflichtige mit seiner Familie an den Einrichtungen der Wohnsitzgemeinde teilnimmt, ferner daß der Wohnsitzgemeinde auch dadurch ein nicht unwesentlicher Vorteil der Forensalgemeinde gegenüber verbleibt, daß alles Forensaleinkommen unter 150 Mark bei der Verteilung nicht berücksichtigt wird und somit lediglich der Wohnsitzgemeinde zugute kommt. Diese prinzipiell richtigen Erwägungen haben dann auch zur Annahme des Antrages des Ausschusses geführt.

Auch Sachsen betrachtet diese Frage der Verkürzung forensalen Einkommens zugunsten der Wohnsitzgemeinde als einen Ausnahmefall, indem § 27 der Städteordnung darauf verweist, „daß Ausnahmen (von der Besteuerung des Grundbesitzes und Gewerbebetriebs am Ort der Lage) durch einen von der Aufsichtsbehörde genehmigten Beschluß der Gemeindevertretung für besondere Fälle, namentlich dann gestattet werden, wenn jemand sein Einkommen nur von auswärtigem Grundbesitz oder nur von auswärtigem Gewerbebetrieb bezieht". Strutz nimmt in dieser Frage eine gegenteilige Stellung ein[1]) Er führt aus: „Was nun diese Verteilung des Einkommens auf Forensal- und Wohnsitzgemeinde anlangt, so scheint sie mir in dem württembergischen Entwurf glücklicher als bei uns in Preußen geregelt. In den Begründungen zu dem früheren Kommunal-Steuergesetzentwurf, aus dem die Bestimmung, daß der Wohnsitzgemeinde $1/4$ des Gesamteinkommens zur Besteuerung verbleiben müsse, zunächst in das Kommunalsteuergesetz vom 27. Juni 1885 und sodann in das KAG. vom 14. Juli 1893 übergegangen ist, ist sie damit gerechtfertigt, daß der Steuerpflichtige in der Wohnsitzgemeinde an allen Vorteilen des Gemeindeverbandes teilnimmt; und ebenso rechtfertigt die württembergische Regierung die ihrige mit dem Hinzufügen, daß der Steuerpflichtige auch im Falle seiner Verarmung lediglich der Wohnsitzgemeinde anheimfällt. Akzeptiert man diese Begründung, dann ist es folgerichtiger, der Forensalgemeinde allgemein die Verpflichtung aufzuerlegen, der Wohnsitzgemeinde als Äquivalent für die größeren Vorteile, die der Steuerpflichtige aus ihren Veranstaltungen als aus denen der Forensalgemeinde zieht, eine bestimmte Quote des Forensaleinkommens zur Besteuerung zu überlassen, als nur

---

[1]) „Steuerreformen in Württemberg und Baden." Verwaltungsarchiv 1897, S. 526.

dann, wenn zufällig das Forensaleinkommen einen bestimmten Prozentsatz des Gesamteinkommens übersteigt."

Diese Auffassung kann uns nicht von unserer oben ausgesprochenen Meinung abbringen. Wir geben zu, daß die Wohnsitzgemeinde im speziellen Fall der Verarmung des Individuums von größerem Vorteil und von größerer Bedeutung für den Einzelnen ist; wenn man aber einmal der Forensalgemeinde ein Steuerrecht wegen der von ihr gebotenen Vorteile zuspricht, so ist es zwecklos, dieses Recht sofort wieder wegen einiger denkbarer Ausnahmefälle allgemein zu schmälern: dadurch würde die ganze Institution, so gerecht sie an sich ist, ins Gegenteil verwandelt, weil dann keinem der beteiligten Gemeinwesen ein gerechtes Entgelt gesichert wäre.

Haben wir bis jetzt eine Tendenz feststellen können, welche dazu neigt, die Wohnsitzgemeinde möglichst günstig zu stellen., so fallen andere, die sich mit diesen Dingen beschäftigen, in das andere Extrem, indem sie die Forensalgemeinde übermäßig schützen. In einer der Sitzungen der sächsischen II. Kammer, in welcher das u. E. ausgezeichnete Dekret (Nr. 29) betreffend die Gemeindesteuerreform von allen Seiten angefeindet wurde, erklärte ein Mitglied des Hauses: „Die Überweisung des $\frac{1}{4}$ der Wohnortsgemeinde muß zu großen Härten führen, weil diese absolut nichts mit den Lasten zu tun hat, welche die Betriebsgemeinde durch den Betrieb erhält." Diese Aussage beruht auf einer einseitigen Beurteilung des wirtschaftlichen Verhältnisses von Staat und Individuum. Der Redner beachtet hier nicht, daß die Person als solche ebenfalls, und zwar durch ihre Beteiligung an öffentlichen Interessen am Wohnsitz Kosten verursacht, und daß gerade der Person die Pflicht obliegt, nach Kräften das Gemeinwesen zu unterstützen.

Sicherlich verursacht man eine überaus ungleichmäßige Steuerverteilung, wenn man der Wohnsitzgemeinde jegliches Steuerrecht am Forensaleinkommen abspricht. Denn hält man es z. B. für angebracht, jene in den Vororten der Großstädte wohnenden Inhaber großer Warenhäuser, deren ganzes Vermögen im Gewerbebetriebe in der City investiert ist, am Wohnsitz von der Zahlung von Abgaben zu entbinden, obgleich sie doch an guter Beleuchtung, guter Verbindung der Wohnsitzgemeinde mit der City in weit höherem Maße interessiert sind als andere: so gestattet man Steuergeschenke, welche durch die erhöhten Opfer der übrigen Bewohner der Vorortgemeinden zu decken sind. Auch hier sieht man wieder deutlich, daß man im Steuerwesen niemals gerecht auskommen wird, wenn man die Verhältnisse nach einseitigen Gesichtspunkten beurteilt. Man kann hier nicht nur einem Grundsatz folgen, sondern muß zwischen mehreren vermitteln, wenn man dem höchsten Gebot „gerechter Opfer" sich nähern will.

2. Der steuerrechtliche Begriff „Gewerbebetrieb" (Betriebsstätte).

a) Sein Verhältnis zu jenem im Sinne der Gewerbeordnung des Deutschen Reiches.

Mit der Erklärung eines Steuergesetzes, daß das Einkommen nur am Ort der Lage des Gewerbebetriebs besteuert werden darf, ist noch nicht erwiesen, daß dem Grundsatz „gerechten Entgelts" nun auch in der Tat genügend entsprochen werde; von wesentlichem Einfluß wird es vielmehr sein, wann das Gesetz einen „Gewerbebetrieb" als bestehend betrachtet. Ähnlich wie nun der Begriff „Wohnsitz" eine Ausdehnung erfahren hat, läßt sich auch bei dem in Rede stehenden Begriff eine Umwandlung wahrnehmen. Freilich haben sich hier größere Schwierigkeiten ergeben.

Das preuß. OVG. sagt in dieser Sache:

„Für alle Fälle zutreffend und allgemein die Merkmale zu bezeichnen, nach deren Vorhandensein oder Nichtvorhandensein der Tatbestand eines Gewerbebetriebs zu bejahen oder zu verneinen ist, das erscheint bei der unendlichen Vielseitigkeit der in Betracht kommenden Lebensverhältnisse einerseits und dem Mangel einer gesetzlichen Bestimmung des Begriffs „Gewerbebetrieb" andererseits nicht tunlich."

Um hier auf einen sicheren Boden zu gelangen, möchten wir vor allem auf das DBG. hinweisen, welches uns andeutet, daß der Begriff „Gewerbebetrieb" im Sinne der Gewerbeordnung (§ 14 und § 42) für die Einkommenbesteuerung nicht als ausreichend erachtet werden kann.

Da das DBG. nichts erwähnt von „Gründung einer gewerblichen Niederlassung“, sondern einfach erklärt, daß das Einkommen aus Gewerbebetrieb dort zu versteuern ist, „wo das Gewerbe betrieben wird“, geht es einerseits über jenen Begriff im Sinne der GO. hinaus und gibt indirekt schon ein Kriterium für den steuerpflichtigen Betrieb; denn es deutet an, daß äußere Merkmale wie gewerbliche Anlagen unwesentlich, dagegen die auf Erwerb gerichtete Tätigkeit von wesentlicher Bedeutung für die Begründung eines steuerpflichtigen Gewerbebetriebs sind.

In diesem Zusammenhang erklärt sich auch z. B. der § 35 des KAG., der den Kreis einkommensteuerpflichtiger Gewerbebetriebe doch bedeutend weiter ausdehnt wie z. B. § 28 desselben Gesetzes, der eine Steuer vom Gewerbebetrieb zu erheben gestattet. Während letzterer seinem Wesen entsprechend die Steuerpflicht an das Vorhandensein äußerer Merkmale anlehnt, zielt § 35 darauf ab, alle innerhalb des Landes erstandenen Reinerträge zu erfassen, und erklärt demgemäß: ein die Steuerpflicht begründender Betrieb von Handel und Gewerbe, einschließlich des Bergbaues der im § 33 Nr. 2, 3 und 4 bezeichneten Personen und Erwerbsgesellschaften, findet in denjenigen Gemeinden statt, in welchen sich der Sitz, eine Zweigniederlassung, eine Betriebs-, Werk- oder Verkaufsstätte oder eine solche Agentur des Unternehmens befindet, welche ermächtigt ist, Rechtsgeschäfte im Namen und für Rechnung des Inhabers bzw. der Gesellschaft selbständig abzuschließen.

Dieser „Gewerbebetrieb-Begriff“ des KAG. trägt in weitgehendem Maße dem Grundsatz gerechten Entgelts Rechnung, weil durch seine Anwendung alle inländischen gewerblichen Einkünfte der Steuer unterworfen werden können.

Die Fassung des preußischen Einkommensteuergesetzes dagegen gibt zu Bedenken Anlaß, wenn es in § 2 erklärt, daß ohne Rücksicht auf den Wohnsitz der Person das Einkommen „aus preußischem Grundbesitz und aus preußischen Gewerbe- oder Handelsanlagen oder sonstigen gewerblichen Betriebsstätten“ der Einkommensteuer unterworfen sein soll. In der richtigen Erkenntnis, daß in dieser Fassung des Gesetzes nur mangelhaft dem Grundsatz einer Steuer nach dem Vorteil gefolgt werden kann, stellte die Kommission zum Gesetzentwurf den Antrag, folgenden Absatz dem § 2 anzufügen:

„Eine Anlage im Sinne § 2 ist auch dann vorhanden, „wenn gewerbliche Unternehmen, welche außerhalb Preußens „ihren Sitz haben, in Preußen Agenturen bzw. Agenten unter„halten, einerlei ob dieselben zum selbständigen Geschäfts„abschluß ermächtigt sind oder nicht."

Dieser Antrag der Kommission veranlaßte bei der Besprechung des § 2 im preußischen Abgeordnetenhaus einen großen Widerspruch, obgleich die Antragsteller darauf hinwiesen, daß der Nachsatz nur eine Erklärung abgeben sollte, was man unter Einkommen aus preußischen „Gewerbe- oder Handelsanlagen" verstehen soll, oder was dieser Begriff enthalten soll, weil nach der ursprünglichen Fassung leicht angenommen werden könnte, daß hier nur gewerbliche Einrichtungen getroffen werden sollen, bei welchen in äußerlich erkennbarer Weise das Gewerbe betrieben oder Geschäfte abgeschlossen werden (Fabrik, Warenlager). Hatte somit die Kommission die richtige Empfindung, daß durch den Zusatz nur Ungerechtigkeiten vermieden werden könnten, so erkannte das Plenum des Hauses diese lediglich aus prinzipiellen Erwägungen heraus zu erklärende Bestimmung nicht an. Nachdem der Antrag in der zweiten Lesung mit Majorität angenommen war, wurde er in der Generaldebatte wieder gestrichen, weil man es für gut befand, eine so schwierige, klar zu bestimmende Bezeichnung aus dem Gesetz fern zu halten. Der Judikatur sollte es überlassen bleiben, zu erklären, was unter „Gewerbeanlage" zu verstehen sei.

Wenn nun auch durch den Antrag der Kommission nichts Positives erreicht wurde, so war die Debatte über diese Angelegenheit nicht ohne Bedeutung für die fernere, richtige Anwendung des § 2. Vor allem hat die Regierung in ihrer technischen Anleitung zum Gesetz den Kernpunkt genügend betont und später das Oberverwaltungsgericht, wenn auch nach mannigfachem Schwanken, eine dem Grundsatz gerechten Entgelts durchaus entsprechende begriffliche Definition des steuerlichen Gewerbebetriebs gegeben. Auf alle Fälle kann von einer „einschränkenden" Deutung des § 2 nicht mehr gesprochen werden; dagegen spricht die Anweisung des Finanzministers vom 5. August 1891, welche erklärt:

„Als Gewerbe- oder Handelsanlagen gelten nicht nur die dem Gewerbebetrieb dienenden, sichtbaren Anstalten wie Zweigniederlassungen, Speicher, Warenlager, Verkaufsstellen, Kontore, sondern es genügt die Ausübung des stehenden Gewerbebetriebs in Preußen durch ständig zu diesem Zwecke sich daselbst aufhaltende Geschäftsteilnehmer, Prokuristen, Agenten oder andere ständige Vertreter."

Die in Preußen festgestellte ausdehnende Interpretation des Begriffes „Gewerbebetrieb" ist für die gerechte Ausgestaltung der Steuer eine dringende Notwendigkeit, wenn man beachtet, daß durch eine Anwendung des fraglichen Begriffes, wie er im Rahmen der Gewerbeordnung üblich ist, alle jene Einkommen der Steuer entgehen müßten, die z. B. durch ausländische Lebens- und Feuerversicherungsgesellschaften, Hypothekenbanken im Inland, durch Vermittlung von Vertretern der Gesellschaften erworben sind; diese Einkommen dem Ausland zufließen zu lassen, ohne ein Entgelt zu fordern, kann nicht gerecht sein: indem diese Erwerbsgesellschaften den inländischen Schutz genießen und sich die inländischen Einrichtungen zunutze machen, ist die Steuerpflicht schlechthin begründet; sie von dem Vorhandensein einer „gewerblichen Niederlassung" allein abhängig zu machen, widerspricht dem Wesen der Steuer. Nur die Zugrundelegung dieses wirtschaftlichen Prinzips „Leistung nach Gegenleistung" konnte auch das preußische Oberverwaltungsgericht zu der Erklärung bringen: daß ein steuerpflichtiger Gewerbebetrieb im Sinne des § 33 des KAG. schon durch eine fortgesetzte, mit der Absicht auf Gewinnerzielung unternommene und erlaubte Arbeitstätigkeit, welche sich als Beteiligung am allgemeinen Verkehre darstellt, begründet werde[1]).

Damit war der von uns für ausreichend zu erachtende „Gewerbebetrieb" gefunden: die Beteiligung an den öffentlichen Einrichtungen von Staat und Gemeinde war als Hauptfaktor bezeichnet, mußte aber zugleich:

---

[1]) E. d. Oberverwaltungsgerichts vom 14. Oktober 1897.

1. eine auf Gewinn gerichtete, d. h. mit Arbeitsleistungen verbundene, sein;
2. mußte die Beteiligung eine „fortgesetzte" sein, d. h. eine gewisse Ständigkeit besitzen.

Halten wir an diesen Merkmalen fest, dann ist eine gerechte Steuer gesichert, weil — unter Benutzung eines durch solche Merkmale bestimmten Begriffs [Gewerbebetrieb] — man einerseits verhütet, daß unberechtigte Steuerforderungen gestellt werden, andererseits die berechtigten Forderungen eines Entgelts nicht unterbleiben.

Unter anderem hatte das OVG. sehr häufig zu entscheiden, ob ein steuerpflichtiger Gewerbebetrieb eigentlich vorliege, wenn z. B. ein „Warenlager" einer ausländischen Firma im Inland vorhanden ist. Ohne weiteres wird man vom Standpunkte gerechten Entgelts dies nicht bejahen dürfen; denn wenn die Waren lagern, nur um gelegentlich in ein anderes Land verschifft zu werden, wird man nicht von einem Steuerrecht auf gewerbliches Einkommen sprechen können, da in diesem Falle gar keine Gewinnabsicht vorhanden ist, also auch eine Inanspruchnahme der öffentlichen Einrichtung nur beschränkt eintritt. Ganz anders liegt aber der Fall, wenn die auswärtige Firma durch einen ihrer Angehörigen oder einen andern Stellvertreter, der an Ort und Stelle des „Warenlagers" ansässig ist, Geschäfte für Rechnung der Firma unter Benutzung des Warenlagers abschließt. In diesem Augenblick benutzt die fremde Firma die inländischen öffentlichen Einrichtungen in demselben Maße wie die übrige Bevölkerung, wird also auch ein Entgelt bezahlen müssen: die Beteiligung am öffentlichen Interesse, nicht das äußere Merkmal der Warenhalle, ist der Grund der Steuerpflicht."

Wenn man in dieser Beziehung jedoch nicht zu weit gehen will, so darf man einen steuerpflichtigen Gewerbebetrieb dann als nicht vorhanden ansehen, wenn ein inländischer Vertreter nur den Charakter eines „Vollzugsorgans" trägt[1]) [zeitweilig vertretene Ansicht des preußischen Oberverwaltungsgerichts], der also die in sich schon im Ausland abgeschlossenen Ge-

[1]) Irrelevant wird auch das „beamtenmäßige Verhältnis" des Vertreters sein müssen.

schäfte nur vermittelt, ohne an dem Zustandekommen des Geschäftes den mindesten Anteil zu haben.

Auch der badische Gerichtshof hat übrigens sich der Ansicht angeschlossen, daß eine Erwerbstätigkeit, d. h. positive Leistungen, im **Lande** vorgenommen werden müssen, damit ein „Gewerbe" im Lande betrieben wird. Ein in Baden wohnhafter Güterhändler (Spekulant), der in der Schweiz Liegenschaften zu Spekulationszwecken an- und verkauft, wurde für sein Einkommen hieraus in Baden steuerfrei erklärt. Die Entscheidung sagt hierzu[1]): „Betrieben wird der Güterhandel ausschließlich in der Schweiz, wo die Güter liegen und die Verträge zum An- und Verkauf zum Abschluß gelangen, die nötigen Beurkundungen (Einträge in öffentliche Bücher) hierüber vorgenommen, und woselbst die Geldgeschäfte durch Vermittlung schweizerischer Bankgeschäfte sich vollziehen. Im Großherzogtum geschieht nichts, und ist nichts vorhanden, was eine greifbare Handhabe zur Besteuerung eines Gewerbebetriebs bieten könnte. Das Betriebskapital arbeitet im Reichsausland und ist dort angelegt. Was der Kläger in seinem Wohnsitz besorgt, sind entweder vorbereitende Korrespondenzen oder nachfolgende Nachrechnungen mit dem Bankier. Die eigentliche gewerbliche Tätigkeit durch Verwendung eines Betriebskapitals vollzieht sich außerhalb des Großherzogtums."

Werden, wie wir sehen, ungerechtfertigte Steueransprüche vermieden, wenn man daran festhält, daß eine faktische Beteiligung am Gewinn eintreten muß, so wird daneben noch eine gewisse „Ständigkeit" der Erwerbstätigkeit und Beteiligung an den öffentlichen Einrichtungen des Staats oder der Gemeinde gefordert werden müssen, um einen Anspruch auf Steuer machen zu können. Denn ebensowenig wie man von einem ausländischen Reisenden bei Abschluß eines Geschäftes von einem Gewerbebetrieb im Inlande und noch weniger von einem „steuerpflichtigen" wird sprechen können, ebensowenig wird man dies von einem Bauhandwerker annehmen können, der heute hier, morgen dort arbeitet. Es fehlt hier eine dauernde Beteiligung an öffentlichen Einrichtungen und Erwerbsgelegenheit.

---

[1]) Vgl. Zimmermann, Badisches Einkommensteuergesetz, S. 95.

Überblicken wir nochmals das ganze Feld, so tritt uns in dem steuerlichen Begriff „Gewerbebetrieb“ ein ganz anderer entgegen, als wie wir ihn etwa nach gewöhnlichem Sprachgebrauch suchen würden: nicht äußerlichen Zuständen, sondern wirtschaftlichen Vorgängen hat er sich angepaßt.

Mit Recht bemerkt Jebens (a. a. O.):

„Der mit der Steuergesetzgebung nicht näher bekannte Laie wird kaum auf den Gedanken kommen, eine Betriebsstätte selbst da noch als vorhanden anzusehen, wo es an jeder „gewerblichen Anlage“, jeder baulichen Einrichtung, an jedem besonderen Etablissement, selbst an jeder Einfriedigung, auch jeder sonstigen festen Abgrenzung nach außen hin, desgleichen an jeder in Eigentum oder in anderm Privatrecht gegründeten ausschließlichen Befugnis zur Disposition über ein Lokal auf seiten des Unternehmers fehlt.“

In der Tat ist diese Wahrnehmung zunächst geeignet, den flüchtigen Beobachter dieser Dinge stutzig zu machen, besonders wenn er liest, daß das OVG. nicht Anstand nimmt zu erklären: daß ein Makler, der nur über ein in der Börse aufgestelltes Pult zur Ausfertigung von Schlußscheinen verfügt, daß ein Dienstmann, ein Fuhrmann oder Pferdebahnunternehmer, die ihre Dienste dem Publikum auf den städtischen Straßen anbieten und leisten, oder der Pächter, der auf seinem Acker sät und erntet, endlich der Fabrikant, der auf Grund eines mit der Verwaltung einer Strafanstalt abgeschlossenen Vertrages in den Anstaltsräumen Gefangene — wenn auch unter eigenem Werkmeister mit eigenem Material und Werkzeug — beschäftigt, an diesen Orten der Tätigkeit einen „steuerpflichtigen Gewerbebetrieb“ begründen. — Wenn man eine solche Auffassung als „krämerhafte“ bezeichnet, so verkennt man damit das Wesen des Staates. Ist es feststehende Tatsache, daß der Staat und die Gemeinde neben den „öffentlichen Interessen“ auch das Interesse Einzelner in hohem Maße fördert, so muß es als eine Pflicht des öffentlichen Verbandes bezeichnet werden, in Fragen der Steuerverteilung auch darauf zu achten, daß niemandem Geschenke zum Schaden der Gesamtheit gemacht werden.

b) Die Bedeutung des gewonnenen Begriffes für das Forensalsteuerrecht der sog. „Streckengemeinden“, der Eisenbahnen, Arbeiterwohnsitzgemeinden u. a. m.

Die Natur gewisser gewerblicher Unternehmungen, besonders jener, die dem Verkehr und öffentlichen Wohle dienen (wie Eisenbahnen, Hoch- und Untergrundbahnen, Gasleitungen, elektrische Straßenbahnen, Wasserleitungen, Bergwerke), bringt es mit sich, daß diese Anstalten sich fast regelmäßig über viele Gemeinden ausdehnen oder doch ihr wirtschaftliches Ergebnis dem Vorhandensein gewisser Nachbargemeinden verdanken oder endlich Wirkungen nachteiliger Art auf diese ausüben (Arbeiterwohnsitzgemeinden).

Vom Standpunkt der Forensalbesteuerung tritt hier die schwierige Frage in den Vordergrund: Sind in allen diesen Fällen die Voraussetzungen vorhanden, welche ein Forensalsteuerrecht aller dieser Gemeinden begründet erscheinen lassen? m. a. W.: Wird man bei einem Eisenbahnunternehmen, das sich über viele Gemeinden erstreckt, auch wenn einzelne derselben nur eine „Haltestelle“ haben, oder bei einem Bergwerk, auch wenn es nur unterirdisch sich in das Gebiet der Nachbargemeinde erstreckt, oder endlich einer Gemeinde, die durch den nicht fernen Gewerbebetrieb zu einer sog. „Arbeiterwohnsitzgemeinde“ geworden ist, — wird man diesen Gemeinden ein Recht erteilen können, eine Steuer von dem Reinertrag oder Vermögen des fremden Unternehmens zu fordern? — Daß für Gemeinden, welche in der Nähe größerer Bergwerke liegen, also entweder unterirdisch berührt und vielleicht durch Bodensenkungen auch empfindlich geschädigt, oder infolge ihrer Lage fast die ganze Bergmannsbevölkerung aufnehmen und somit sicherlich erhöhte Ausgaben für Schule und Armenpflege lediglich durch den nachbarlichen Gewerbebetrieb erhalten, sich an dem Urheber des Mehraufwandes zu decken suchen in Form eines Forensalsteuerrechts, ist verständlich. Unseres Erachtens wäre aber dieser Weg eine gefährliche Abweichung von dem Prinzip, auf welchem sich die Forensalbesteuerung allein aufbaut, nämlich auf dem Grundsatz: daß das Einkommen nur da besteuert werden soll, wo es entsteht. Daß eine Ausdehnung des Forensalsteuerrechts in obiger Weise zu unhaltbaren Komplikationen führen muß, hat die preußische Regierung schon vor dem Zustandekommen des Kommunalsteuergesetzes völlig erkannt und entsprechende Versuche energisch abgelehnt.

Um eine Steuerquote den speziell durch den Bergwerksbetrieb indirekt berührten Gemeinden zu sichern, machte man in Preußen des öfteren Versuche[1]). Man charakterisierte u. a. das Einkommen aus Bergwerkbbetrieb als ein Zwitterding von Einkommen aus Grundeigentum und Gewerbebetrieb, indem man zugleich denjenigen Gemeinden, in denen sich der Sitz des Unternehmens sowie eine Betriebs- oder Verkaufsstätte befindet, das Einkommen aus Gewerbebetrieb überwies, während den Gemeinden, welche über den Bergwerken gelegen waren, ein Recht der Besteuerung des Einkommens aus Grundeigentum verbleiben sollte. Die hieraus sich ergebenden Schwierigkeiten der Berechnung des jeweiligen Einkommens aus den Teilen erkannte die beratende Kommission; sie half sich aber darüber hinweg, indem sie den Betriebsgemeinden und den Arbeiterwohnsitzgemeinden das Gesamteinkommen je zur Hälfte überweisen zu können glaubte[2]).

Abgesehen von dieser willkürlichen Lösung der Frage ergaben sich aber für die Verteilung des Einkommens bei mehreren „Arbeiterwohnsitzgemeinden" besondere Schwierigkeiten, da es für diese noch mehr als bei den eigentlichen Betriebsgemeinden (vergl. nächstes Kapitel) an einem brauch-

---

[1]) Man vergl. die Materialien des preußischen KAG.

[2]) Vergl. Denkschrift 1879/80:

Die erste Hälfte wird nach den in den Gesetzentwürfen entwickelten Grundsätzen den Gemeinden, in denen sich der Sitz des Unternehmens, eine Zweigniederlassung etc. befindet, zur Besteuerung zu überweisen und auf verschiedene steuerberechtigte Gemeinden nach Verhältnis der in denselben erwachsenen Ausgaben an Gehalten und Löhnen zu verteilen sein. Die andere Hälfte des steuerpflichtigen Reineinkommens aus dem Bergbau wird dagegen denjenigen Gemeinden zur Besteuerung zu überlassen sein, in welchen die unterirdischen Schätze des Bergwerkeigentums belegen sind, also denjenigen Gemeinden, deren oberirdischer Bezirk sich ganz oder teilweise über das Berechtigungsfeld der betroffenen Bergbauunternehmung erstreckt.

baren Maßstab der Verteilung mangelte. Als besten Maßstab erkannte die Kommission schließlich „die Zahl der bei dem Bergbau beschäftigten Arbeiter und Beamten, da nicht nur Schul- und Armenlast, sondern auch die Ausgaben zu sonstigen kommunalen und polizeilichen Bedürfnissen in konstantem Verhältnisse zur Einwohnerzahl zu stehen pflegen. Hier trat jedoch wieder die Befürchtung hervor, daß hierdurch das zu verteilende Einkommen wiederum zu stark zersplittert werde, was zu der offenbaren Inkonsequenz führte, daß Gemeinden nur dann teilungsberechtigt sein sollten, wenn sie mindestens 50 Arbeiter aus dem Betrieb als Einwohner nachweisen, während für kleine Gemeinden wieder von dieser Besteuerung abgesehen werden sollte, insoweit als letzteren, auch wenn die Zahl der in ihnen wohnenden Beamten und Arbeiter weniger als 50 beträgt, doch ein Besteuerungsrecht gegeben werden sollte: — wenn die bergmännische Bevölkerung die Hälfte der Gesamtbevölkerung erreicht.

Alle diese recht scharf ausgedachten Detailbestimmungen zeigen uns nur zu deutlich, wie weit man in der gesetzlichen Regelung gehen müßte[1]), wenn man bei der Umgrenzung des Forensalsteuerrechts nicht ein bestimmtes Prinzip verfolgte; mit Recht hat aber auch die preuß. Regierung sofort es für bedenklich erklärt, „die Berührung des Grubenfeldes mit dem Gemeindebezirk zur Grundlage eines Besteuerungsrechts zu machen“[2]).

Abgesehen von diesen sich mit genannter, unberechtigter Ausdehnung des Forensalsteuerrechts ergebenden Schwierigkeiten technischer Art sind aber auch bedeutende volkswirtschaftliche Einwände ins Feld zu führen. Der vom DBG. ausgesprochene Satz, daß der Wohnsitzgemeinde der Person das Prinzipalsteuerrecht zustehe, die Belegenheitsgemeinde das Recht habe, das Einkommen aus Grundbesitz und Gewerbebetrieb zu besteuern, wird gänzlich verworfen mit der Erteilung eines Steuerrechts an die „Arbeiterwohnsitzgemeinde“. Damit wird dem Steuerrecht jeder feste Boden entzogen und

---

[1]) z. B. auch noch bezügl. der Ermittlung der Arbeiterzahl (!).

[2]) Motive zum Gemeindesteuergesetzentwurf 1879/80, zusammengestellt in Bd. V der Anlagen zu den Stenogr. Berichten 1892/93, S. 2749.

die Steuerpflicht willkürlich begründet, wodurch eine gedeihliche Entwicklung zahlreicher Gewerbebetriebe in Frage gestellt ist. Denn die neben der Betriebsgemeinde berechtigten Gemeinden werden vielfach die Steuerbeträge in einer die Gewerbebetriebe erdrückenden Höhe bemessen. Bei einer Beschränkung des Steuerrechts auf die Betriebsgemeinden wird der Unternehmer meist auch in der Lage sein, das Maß der Belastung näher zu kalkulieren und danach den Betrieb einzurichten; eine Rentabilitätsberechnung aber wird unmöglich mit der Einbeziehung der Arbeiterwohnsitzgemeinden in den Kreis steuerberechtigter Gemeinden, da die Steuerpflicht sich hier bestimmen müßte nach der Aufenthaltnahme der Arbeiter, diese aber einer steten Schwankung unterliegt. Die weitere Folge dieser Steuerpolitik würde sehr wahrscheinlich die Entziehung der Arbeitsgelegenheit für die nicht in der Betriebsgemeinde wohnenden Arbeiter durch die Unternehmer sein, was wiederum schwere wirtschaftliche Nachteile für die Arbeiter und deren Wohnsitzgemeinden nach sich ziehen könnte. Richtig wurde diese Frage übrigens auch schon von einigen Abgeordneten erkannt. Schmidt (Sagan) nannte damals schon die Ausdehnung des Forensalsteuerrechts auf bloße Nachbargemeinden „ein Extrem gefährlichster Art, dessen Konsequenz unübersehbar sei". „Es widerstrebt meinem Gefühl und dem Grundsatz der Billigkeit, daß die Betriebsgemeinde für die von einzelnen Mitgliedern der anderen Gemeinde verursachten Lasten verantwortlich gemacht werden soll. Die Folge solcher Bestimmungen würde sein, daß die Betriebsgemeinden ihre eigenen Zuschläge zur Staatssteuer erhöhen müßten."

Alle diese Einwände brachten schließlich auch die gesetzgebenden Körperschaften zu der Einsicht, daß diese aus der Entwicklung des industriellen Lebens naturgemäß sich ergebenden Erscheinungen nicht mit Fragen der Steuerverteilung verquickt werden dürften.

Durch § 53 des KAG. wurde jenen „Arbeiterwohnsitzgemeinden" nicht ein Forensalsteuerrecht, wohl aber das Recht zugesprochen, einen finanziellen Zuschuß von einer benachbarten Betriebsgemeinde verlangen zu können, wenn ihrerseits nachgewiesen wird, daß durch diese Berghütten, Salzwerke,

Fabriken etc. so große Massen von Arbeitern zugezogen werden, daß dadurch Mehrausgaben für Zwecke der öffentlichen Armenpflege oder für polizeiliche Zwecke erwachsen, welche im Verhältnis zu den, ohne diese Personen, für die erwähnten Zwecke notwendigen Gemeindeausgaben einen erheblichen Umfang erreichen und eine unbillige Mehrbelastung der Steuerpflichtigen herbeizuführen geeignet sind.

Ist somit die Frage, ob den „Arbeiterwohnsitzgemeinden" ein Forensalsteuerrecht einzuräumen sei, für Preußen in nachahmenswerter Weise gelöst, so herrschen in allen Staaten noch große Meinungsverschiedenheiten bezüglich des Verhaltens jenen Gemeinden gegenüber, die nur von „gewerblichen Anlagen" wie Schienen, Kabel, Gas- und Wasserleitungsröhren, Hebewerken berührt werden, weiterhin aber von diesen Anstalten weder Nachteile noch Vorteile erfahren. Die Tendenz geht dahin, auch einer Gemeinde, welche nur eine Eisenbahnhaltestelle aufzuweisen hat oder nur durch die Röhren einer Wasserleitung berührt wird, ein Forensalsteuerrecht an dem Reineinkommen und den Vermögensteilen dieses Unternehmens einzuräumen. Wir können uns dieser Richtung nicht anschließen, sprechen vielmehr solchen Gemeinden ein Recht der Besteuerung ab, weil von ihnen nicht behauptet werden kann, daß in ihrem Weichbild ein Gewerbe im steuerlichen Sinne von diesen Anstalten „betrieben" wird. Wie wir zur Genüge ausgeführt haben, gehört zu den Vorbedingungen eines steuerpflichtigen Gewerbebetriebs eine mit der Absicht auf Gewinn gerichtete Beteiligung am öffentlichen Interesse, d. h. an der Gesamtheit aller öffentlichen Einrichtungen und Ziele der Bevölkerung. Diese Grundlage fehlt aber offenbar für alle jene Anstalten. Oder könnte man sagen, daß von einem in Rede stehenden Unternehmen (abgesehen von Eisenbahnen) wesentlich Wert darauf gelegt wird, daß die Gemeinden, welche von dem Institut, z. B. Wasserleitung, berührt werden müssen, um zur Großstadt zu gelangen, besonders wirtschaftlich entwickelte Gemeinwesen sind? Offenbar ist hier nur die geographische Lage des Ortes die Ursache, weshalb das gewerbliche Unternehmen die Gemeinde berührt; daraus folgt aber, daß diesem Ort infolgedessen auch keine direkten öffentlichen Pflichten mit

Ausnahme der Gewährung einer Konzession erwachsen. Die durch das Unternehmen verursachten Ausgaben von Wegelasten usw. werden auf privatrechtlichem Wege ausgeglichen. Verlangt das Unternehmen von der Gemeinde aber gar keine Leistungen öffentlichen Charakters, so fehlt es auch an dem die Steuerpflicht begründenden Moment. Ganz anders liegt freilich die Frage — und das ist u. E. sehr oft nicht beachtet worden — wenn das Unternehmen Leistungen gegenüber der Bevölkerung äußert, was bei Eisenbahnen und elektrischen Straßenbahnen wohl in jeder Gemeinde der Fall, bei Wasserleitungen usw. aber sehr häufig nicht der Fall sein wird. Stehen derartige Unternehmungen der Bevölkerung jeder Gemeinde zur Verfügung, und erzielt andererseits das Unternehmen überall Einnahmen, dann wird man freilich hier von einem über mehrere Gemeinden sich ausbreitenden Gewerbebetrieb sprechen und ein Forensalsteuerrecht kaum verneinen können. Die Auffassung der Gerichte, welche nun das Forensalsteuerrecht auf alle Gemeinden schlechthin ausdehnt, sobald sie irgendwelche „gewerbliche Anlagen" aufweisen können, ist auf die Fassung des § 35 KAG. zurückzuführen, welcher sagt, daß eine Abgabenpflicht für Eisenbahnen in denjenigen Gemeinden bestehen soll: „in welchen sich der Sitz der Verwaltung, eine Station oder eine für sich bestehende Betriebs- oder Werkstätte oder eine sonstige gewerbliche Anlage befindet". Die wörtliche Anlehnung an das Gesetz gestattet also auch solchen Gemeinden, eine Steuer von der Eisenbahn zu fordern, deren ganze „gewerbliche Anlage" vielleicht in nur einigen Metern Eisenbahnschienen oder einem Wärterhaus besteht. Offenbar entspricht dieses dem Grundsatz einer Besteuerung nach dem Interesse durchaus nicht; in der Tat ist denn auch nachgewiesen, daß die ratio legis des § 35 eine mit unseren Forderungen übereinstimmende ist. Jebens (a. a. O. S. 352) sagt zu diesem § 35, welcher die Forensalabgabenpflicht der Eisenbahnen regelt: „Eine hervorragende legislative Leistung liegt in der Wahl dieses Ausdrucks gewiß nicht; denn das Verständnis der zugrunde liegenden Intention wird wesentlich erst durch Nachforschung in den Materialien ermöglicht. Nach diesen aber sollten solche Einrichtungen und Anlagen ausgeschlossen werden, welche, wie vor allem die sogenannte „freie Strecke,“ aber auch Wasser- und Blockstationen, nicht sowohl dazu bestimmt sind, selbständig einen Teil des Eisenbahnbetriebes zu erledigen, denn vielmehr nur dazu, der Durchführung und Sicherung der Züge zu dienen; nur Anlagen mit in sich geschlossenen Aufgaben — wie Rangierbahnhöfe, Imprägnieranstalten usw. — sollten die Abgabenpflicht begründen, Streckengemeinden zumal an dem Besteuerungsrecht nicht partizipieren.“ Auch hier tritt wieder das von uns betonte und entscheidende Kriterium für einen steuerpflichtigen Betrieb hervor: ob eine positive Mitarbeit am Zweck des Unternehmens vorhanden ist.

3. Die Verteilung des steuerpflichtigen Einkommens eines über mehrere Gemeinden sich ausdehnenden gewerblichen Unternehmens.

a) Allgemeines.

Eine der schwierigsten Fragen, welche es im Problem der Forensalbesteuerung zu lösen gibt, ist offenbar der Umstand, daß sich das steuerpflichtige Reineinkommen eines Gewerbebetriebs in den einzelnen von ihm berührten Gemeinden sehr häufig gar nicht feststellen läßt, weil der Betrieb in der einen Gemeinde z. B. nur die bereits in anderer Gemeinde begonnene Produktion vollendet, oder der Betrieb in der einen Gemeinde in erster Linie mit Kredit arbeitet, während die Filiale im nächsten Ort hauptsächlich mit dem vorhandenen Betriebskapital und dem Kredit ihren Gewinn erzielt (Bank- und Transport-Unternehmen).

Wie wollte man endlich den Reingewinn feststellen, welcher auf eine Station eines durch das ganze Land sich erstreckenden Verkehrsinstituts entfällt?

Man hat sehr häufig die aus diesen Verhältnissen sich ergebende Unmöglichkeit der lokalen Reineinkommensberechnung dazu verwendet, die Einkommensbesteuerung der Forensen überhaupt als ein Ding der Unmöglichkeit hinzustellen. Staat und Gemeinde haben aber in der Erkenntnis der Notwendigkeit der Heranziehung dieser Steuersubjekte sich nicht abhalten lassen, auch hier eine Lösung zu suchen. Das Nächstliegende war eine Verteilung des Gesamteinkommens nach Maßgabe des in den einzelnen berechtigten Gemeinden vorhandenen Betriebskapitals, d. h. eine Anlehnung an lediglich äußere Merkmale. Die Finanzwissenschaft darf sich mit solcher Lösung nicht zufrieden geben, da sie durchaus nicht geeignet ist, allen steuerberechtigten Gemeinden das in ihrem Bezirk entstehende Einkommen, also auch nicht das ihnen gehörige Entgelt zu sichern. Wir glauben vielmehr diesem Ziele uns zu nähern, wenn wir einen Maßstab finden, durch dessen Benutzung es möglich wird, das Gesamteinkommen des Betriebs so auf alle Gemeinden zu verteilen, daß mindestens jeder einzelnen ein Entgelt gesichert ist, welches etwa den durch den Betrieb der Gemeinde verursachten Kosten entspricht. Wir haben hiermit nur eine Richtung an die Hand geben wollen, welche führend sein soll. Daß wir auch auf diesem Wege nur mangelhaft dem Ziele gerechter Entgeltlichkeit uns nähern, ist uns völlig bewußt: das liegt im Wesen des Gewerbes begründet.

„Sind schon hinsichtlich des Grundbesitzes," sagt Strutz (a. a. O. S. 561), „die örtlichen Verhältnisse so verschieden, so sind sie es, wo es sich um Besteuerung nach dem Interesse handelt, noch viel mehr hinsichtlich der Gewerbebetriebe. Die Vorteile von den Gemeindeveranstaltungen und die Verursachung von Lasten für die Gemeinden sind sowohl qualitativ nach der Art als auch quantitativ nach dem Umfange der Gewerbebetriebe in einer Gemeinde ungemein verschieden. Eine Kohlenzeche z. B. verursacht einer Gemeinde ungleich größere Lasten als ein Bankgeschäft; eine voluminöse Massengüter produzierende Fabrik andere als eine mit wenigen hochbezahlten Arbeitern und kostspieligen Maschinen hochwertige, wenig umfang- und gewichtsreiche Waren herstellende; eine Feuerversicherungsgesellschaft, ein Theater haben an anderen Veranstaltungen ein besonderes Interesse, wie etwa ein Schiffahrtsunternehmen usw.; hundert Kleinbetriebe haben lange nicht immer denselben Vorteil von den Gemeindeeinrichtungen und denselben Einfluß auf eine Steigerung der Gemeindeausgaben wie ein gleichartiger Großbetrieb mit der gleichen Zahl der beschäftigten Personen, dem gleichen Ertrag und gleichem Anlage- und Betriebskapital, wie z. B. in einer großen Stadt die kleineren Detailgeschäfte, die nur auf den

Absatz in ihrem Stadtteile rechnen können, an den örtlichen Verkehrseinrichtungen nicht annähernd so interessiert sind wie ein Großbazar."

Im Hinblick auf diese Schilderung möchte man jeden Versuch in dieser Frage als ungenügend betrachten; dennoch halten wir den Weg, den uns das preußische KAG. (vgl. später!) gibt, für einen haltbareren, während die staatlichen Regelungen wenig geeignet sind, uns dem Ziele gerechter Steuerverteilung näher zu bringen. Ganz abgesehen von einer Lösung, welche etwa darauf hinausläuft, die Anteile am steuerpflichtigen Gesamteinkommen von Eisenbahnen nach Maßgabe der im Lande befindlichen Kilometerzahl der Schienengeleise zu besteuern[1]), sind die einzelstaatlichen Gesetze ungenügend, weil hier meist die Verteilung dem „billigen Ermessen" überlassen wird.

So sagt die badische Vollzugsverordnung zum Einkommen-Steuer-Gesetz vom 6. Februar 1901:

„Erstreckt sich der Grundbesitz oder der Gewerbebetrieb „einer natürlichen Person derart über Baden und andere „Staaten, daß eine gesonderte Einkommensberechnung nicht „ausführbar ist, so ist das Einkommen aus dem gesamten „Grundbesitz (Gewerbebetrieb), bei welchem die Trennung „nicht möglich ist, zu berechnen und auf die einzelnen Be„triebsstellen nach Verhältnis des Betriebsumfanges „(Wert und Menge der Produktion, Umsatz usw.) unter Berück„sichtigung der besonderen „Betriebskosten" oder, falls dies nicht „ angängig ist, nach verständigem Ermessen (!) zu verteilen."

Ganz ähnlich regelt Oldenburg die Frage im § 2 seines neuen EStG. (Ausführungsbestg. vom 12. Mai 1906). Und Hessen hat in seinem letzten Gemeindesteuergesetzentwurf im Artikel 29 bestimmt, daß die Verteilung „nach dem Werte des in den einzelnen Gemeinden der Gemeindesteuer von Grundbesitz und von Gewerbebetrieb unterliegenden Grundbesitzes und Anlage- und Betriebskapitals vor sich gehen soll".

Diese Verteilung des Reingewinnes nach dem Verhältnis des angelegten Kapitals oder nach dem Umfang des Waren-

---

[1]) Man denke an die Gemeinden mit Anfangs- und Endstationen und deren Aufwand für die Bahn, im Gegensatz zu den Zwischengemeinden. —

umsatzes kann durchaus nicht dem Ziele gerecht werden, auf das eine rationelle Forensenbesteuerung lossteuert; sie ist vielleicht in jenen Fällen für ausreichend anzuerkennen, in denen es sich um die Verteilung des Reingewinnes eines mit vielen Filialen arbeitenden Betriebes handelt, der nur eine gewisse Warengattung verschleißt und deshalb gewöhnlich auch gleichartige gewerbliche Einrichtungen in allen Orten aufweist (Tabakverschleiß, Kaffeegeschäfte u. a. m.). Wir können uns aber mit dem auf äußeren Merkmalen beruhenden Maßstab überhaupt nicht befreunden, weil Anlage- und Betriebskapital außerordentlichen Schwankungen unterworfen zu sein pflegen. In ungünstigen Zeiten z. B. dürfte infolge von Aufspeicherung von Warenvorräten eine Verstärkung des Betriebskapitals eintreten, die auf eine gerechte Steuerverteilung von nicht gewünschtem Einfluß wäre. Offenbar ganz hinfällig wird obiger Modus der Verteilung, wenn Produktions- und Verkaufsstelle desselben Betriebs an verschiedenen Orten vorsichgehen, so daß es in der Verkaufsgemeinde überhaupt an äußeren Merkmalen mangelt, da der ganze Betrieb durch eine Mittelsperson geregelt wird. —

Läßt uns sonach der in Rede stehende Maßstab in gewissen Fällen ganz im Stich, so ist er auch in keiner Weise geeignet, eine Verteilung des steuerpflichtigen Einkommens im Verhältnis der Inanspruchnahme der öffentlichen Einrichtungen der Gemeinde seitens des Unternehmers zu erzielen. Man denke an jene Unternehmungen, welche ihre Produktionssitze in den Vororten großer Städte haben, im Zentrum der Stadt aber nur Lagerräume, Keller, Bureaus usw. unterhalten. Die Inanspruchnahme der öffentlichen Straßen, Kanäle, Hochbahnen in der Großstadt seitens jener Brauereien, Dampfschiffahrtunternehmungen usw. steht offenbar in keinem Verhältnis zu den Anlagen- und Betriebskapitalien innerhalb der Stadt. Eine Verteilung des Einkommens nach genannten Merkmalen würde den am Reingewinn in hohem Maße beteiligten Erwerbsgemeinden einen recht kläglichen Steueranteil sichern.

Wir glauben trotz aller Schwierigkeiten nicht von dem beschrittenen Wege abgehen zu dürfen, wie dies z. B. von anderer Seite geschieht. —

v. Nostitz-Wallwitz[1]) spricht nämlich bezüglich der Verteilung des steuerpflichtigen Einkommens die Ansicht aus, daß die „freie Vereinbarung“ einem gesetzlich vorgeschriebenen Maßstab vorzuziehen sei. Wir möchten hier jedoch mit Oppe dafür eintreten, daß den Gemeinden bestimmte Normen zur Verfügung stehen, um unnötigen Verwaltungsstreitigkeiten aus dem Wege gehen zu können und den Gemeinden die ihnen zugehörigen Steuerkräfte zu erhalten.

Gerade in Sachsen hat sich dieser Mangel einschlagender Bestimmungen am klarsten gezeigt. § 27 Abs. 3 der Rev. St.-Ordng. (vgl, Bosse, S. 68) sagt nur: „Findet ein Gewerbebetrieb, obschon nur eine Hauptniederlassung an einem Orte besteht, dennoch ständig in mehreren Ortschaften statt, so kann in jedem dieser Orte ein verhältnismäßiger Beitrag zu den Gemeindelasten gefordert werden.“ Die Folge dieser unklaren Bestimmung war häufige Überlastung der Zensiten. So hat sich die Leipziger Pferde-Eisenbahn-Aktien-Gesellschaft besonders dagegen verwahrt, daß sie einen Betrag in der Einkommensteuer zu zahlen habe, welcher ihr wirkliches Einkommen erheblich übersteigt. Dies war darauf zurückzuführen, daß in den einzelnen Gemeinden bei Ermittlung des daselbst der Besteuerung unterliegenden Anteils an ihrem Gesamteinkommen eine verschiedene Berechnungsweise zugrunde gelegt wurde. Vom Ministerium des Innern wurde anerkannt, daß die offenbare Überlastung der Gesellschaft darauf zurückgeführt werden müsse, daß bei Verteilung des Reingewinns auf die verschiedenen Gemeinden verschiedene Grundsätze obgewaltet haben, so daß schließlich noch mehr beansprucht wurde, als der zu verteilende Reingewinn wirklich beträgt. Da hierin ein Verstoß gegen § 27 Abs. 3 der RStO. anerkannt wurde, erklärte der Minister: „Können sich, wie im vorliegenden Falle, die Gemeinden über die einer jeden von ihnen gebührende Quote nicht einigen, so hat eine behördliche Regulierung des Verhältnisses einzutreten.“ Solche Zustände sind offenbar nicht erwünscht und müssen vermieden

[1]) Vgl. Nostitz-Wallwitz, Die Kommunalbesteuerung in den Vororten. Zur Reform des Gemeindesteuerwesens, Bd. 25, S. 27. Fischers Zeitschrift 1900, S. 271.

werden. Preußen hat im § 47 KAG. den einzig richtigen Weg beschritten. Die Entstehung desselben verdient einen näheren Kommentar.

b) Der Maßstab der „Betriebseinnahmen" (Bruttoeinnahmen) einerseits, der „Betriebsausgaben" (Gehalte und Löhne) andererseits.

Stellt man aus der Fülle der Gewerbebetriebe ein Bankgeschäft neben ein Berg- und Hüttenunternehmen, so ist sofort klar, daß die Intensität der Benutzung öffentlicher Einrichtungen bei beiden durchaus verschieden ist. Während das Hüttenwerk die Verkehrsanlagen wie Häfen, Eisenbahnen, Kranen, Brücken, Wege der Gemeinde in höchstem Maße abnutzt, konzentriert sich der ganze Geschäftsvorgang des Bankhauses auf das Kontor und die Börse. Während dieses der Gemeinde nur einen Stab von Beamten zuführt, deren Kinder in nur geringem Maße die öffentlichen Anstalten wie Schulen der Gemeinde benutzen, bringt das Hüttenwerk der Gemeinde außerordentliche Massen von Arbeitern, die unbedingt auf den Ausgabenetat der Gemeinde von wesentlichem Einfluß sind. Schulerweiterungsbauten, öffentliche Krankenhäuser, Waisenanstalten sind die gewöhnlichen Folgeerscheinungen für jene Gemeinden, in denen sich die sogenannte „schwere Industrie" niederläßt.

Indem Fr. Jul. Neumann bereits 1877 in seinem Aufsatz betreffend „die Kommunalsteuerfrage"[1]) in der uns interessierenden Frage vorschlägt, daß man entweder die „Geldeinnahmen" oder die „Betriebsausgaben" als Maßstab für die Verteilung des Einkommens verwenden möge, hat er darauf hingewiesen, daß man vor allem die Gesamtheit der gewerblichen Unternehmen in zwei Kategorien bringen müsse, für die infolge ihres verschiedenen Wesens ganz verschiedene Verteilungsmoden angewandt werden müssen. Es ist im allgemeinen richtig, daß bei jenen gewerblichen Unternehmen, welche eine mehr spekulative Erwerbstätigkeit entfalten, der Reingewinn immer in einem gewissen Verhältnis steht zu den Bruttoeinnahmen, daß also bei Bank, Versicherungs-

[1]) Schmollers Jahrbuch.

gesellschaften u. ä. m. hiermit ein dem Zwecke entsprechendes Mittel gefunden ist. Ganz anders bei jenen Etablissements, welche Massengüter produzieren oder dem Verkehr dienen. Hier bedarf es eines Maßes, welches in etwa den Grad der Inanspruchnahme von Staat und Gemeinde widerspiegelt. Das Verdienst Preußens ist es, hier immer darauf verwiesen zu haben, daß „Gehalt und Löhne“ eines Unternehmens deshalb einen Rückschluß auf die Kostenprovokation gestatten, weil gerade diese Ausgabensumme im Verhältnis zu der beschäftigten Personenzahl zu stehen pflegt, die Bevölkerung aber wiederum den Regulator für die Gemeindetätigkeit darstellt.

Bei Beratung des Kommunalsteuer-Notgesetzes in Preußen ergaben sich jedoch — besonders bezüglich der Eisenbahnunternehmen — große Bedenken.

Da bei diesen bis zum Entwurf des KAG. die Bruttoeinnahme als Maßstab der Verteilung galt, aber auch hier sich herausstellte, daß bei dieser Art der Verteilung eine ganz unberechtigte Verkürzung der Steuerkräfte besonders zum Nachteil der Übergangsstationen stattfand, entschloß sich die Regierung, auch hier die ausbezahlten Gehalte und Löhne als Maßstab der Verteilung zu nehmen.

Dieser Entschluß rief im Abgeordnetenhaus eine heftige Opposition hervor; in der Tat mußten ja auch durch diese Neuerung gewaltige Verschiebungen der Steuerobjekte für jene Stationen eintreten, welche als Zentralen des Güterverkehrs doch die höchsten Einnahmen aufzuweisen hatten, was aber wiederum für jene Gemeinden, in welchen der Beteiligungsprozentsatz der Eisenbahn an dem Gesamtsteuersoll besonders groß war, von nicht zu unterschätzender Wirkung auf den Haushalt der betreffenden Gemeinden sein mußte.

Nach den Berechnungen der Regierung war die Verschiebung im westlichen Industrieviertel Preußens mit besonderer Schärfe bemerkbar. In mehreren Gemeinden wäre das Steuerobjekt um eine Millon, so in St. Johann von 15000 Mark auf 1 220 000 Mark gestiegen, während andererseits ein nicht unempfindlicher Steuerausfall eintreten würde: so fällt das steuerpflichtige Einkommen in Meiderich (Ruhr) von ½ Million auf 8000 Mark herunter. Es war besonders Dr. Hammacher (Essen), der im Interesse der in Rede stehenden

Städte sich energisch gegen den vorgesehenen Verteilungsmodus stellte. Er machte vor allem in Zahlen klar, welchen Ausfall einige Gemeinden in der Steuereinnahme erlitten — Meiderich 89 %, Essen 85 %, Troisdorf 82 %, Hasbergen 90 %, Herne 88 % — und betonte, daß die Aufrechterhaltung des Haushalts in diesen Gemeinden überhaupt gefährdet sei. Dazu käme noch, daß gerade solche Gemeinden geschädigt würden, die ohnedies wegen der eigentümlichen Entwicklung ihrer Verhältnisse die höchsten Prozentsätze der Staatssteuer als Kommunalabgaben erheben (Meiderich — Gelsenkirchen — Oberhausen 300—400 %).

Allen diesen Einwänden gegenüber hielt man doch an der Überzeugung fest, daß durch die vorgeschlagene Regelung vor allem der gerechten Sache gedient werde, der gegenüber alle Einwände an Schwerkraft verlören. Man war sich klar, daß der als ungerecht erkannte Verteilungsmaßstab der Bruttoeinnahmen nicht auf die durch das Gesetz neu berechtigten Gemeinden überwiesen werden dürfte. „Wenn die Staatsregierung" — so erwiderte der Regierungskommissar — „sich entschlossen hat, einen Gesetzentwurf vorzulegen, welcher eine stärkere Heranziehung des Fiskus zu den Gemeindeabgaben zur Folge hat, so sei das nur in der Voraussetzung geschehen, daß damit auch eine gerechtere, der Belastung durch die Eisenbahnen (sic!) entsprechende Verteilung des Reineinkommens unter die berechtigten Gemeinden erreicht werde."

Im Interesse der Gemeinden wurde dann noch im Laufe der Debatte eine weitere Änderung vorgenommen, welche durchaus geeignet ist, das gerechte Entgelt jeder Gemeinde zu sichern. Indem man nämlich noch Differenzierung der Arten der Ausgaben (Löhne, Gehalte und Tantiemen) vornahm und diese für die höhere Verwaltung gezahlten Summen nur zur Hälfte, die Löhne für die in den Werkstätten sowie im Fahrdienst beschäftigten Personen mit $^2/_3$ ihrer Beträge in Ansatz zu bringen gestattet, hatte man den mit besonders großer Arbeiterzahl ausgezeichneten Gemeinden auch entsprechende Quoten des Einkommens gesichert. Im Plenum endlich hat man sich allseitig von der Überzeugung leiten lassen, daß die gefundene Repartition des Einkommens allen

Anforderungen entspricht. Abgeordneter von Quast weist u. a. darauf hin, daß dieser Maßstab deshalb der geeignete sei, weil er dem Grundsatz des Gesetzes voll und ganz zu entsprechen bemüht ist; denn die Gemeinde soll ein Steuerrecht erhalten sowohl auf Grund der Belastung, die sie trägt, wie auf Grund der Vorteile, die ein Steuerpflichtiger in ihr macht. Deshalb erachte er die Verteilung des Reineinkommens nach Gehalt und Löhnen für sehr gerecht. — Abgeordneter Lieber ist der Meinung, daß der Maßstab, wie die Kommission ihn aufgestellt habe (Gehalt und Löhne), das weitaus gerechtere, relativ bessere ist, nicht der allein richtige, aber doch viel richtiger als der frühere Modus, wonach lediglich nach den Bruttoeinnahmen verteilt wurde. Einmal geben die Löhne und Gehalte ein genaueres Bild der Beteiligung der einzelnen Betriebsstellen an dem wirtschaftlichen Gesamtergebnis, und dann bilden sie einen besseren Maßstab vom Standpunkt „der Leistung und Gegenleistung".

Wir haben bis jetzt immer angenommen, daß sich die Ausgaben für die Angestellten und Arbeiter in jeder Gemeinde getrennt berechnen lassen, die wirtschaftlichen Verhältnisse bringen es aber auch mit sich, daß ein Betrieb auf verschiedene Nachbargemeinden sich derart erstreckt, daß auch Gehalt und Löhne nicht pro rata auseinanderfallen, vielmehr nur am Sitz der Kasse ausgezahlt werden. In solchen Fällen müssen natürlich auch andere Faktoren als Hilfsmittel zur Verteilung herangezogen werden: vor allem werden hier die tatsächlichen Verhältnisse mitberücksichtigt werden müssen. Auch für diese Fälle hat das preußische KAG. in § 47 die entsprechende Bestimmung getroffen: „Erstreckt sich eine Betriebsstätte, Station usw., innerhalb deren Ausgaben an Gehältern und Löhnen erwachsen, über den Bezirk mehrerer Gemeinden, so hat die Verteilung nach Lage der örtlichen Verhältnisse unter Berücksichtigung des Flächenverhältnisses und der den beteiligten Gemeinden durch das Vorhandensein der Betriebsstätte, Station usw. erwachsenen Kommunallasten zu erfolgen."

Um aber bei allen diesen Fällen nicht vom eigentlichen Ziele abzugehen, können wir nicht genug betonen, daß diese Maßstäbe der Verteilung immer nur Mittel zum Zweck sein sollen — das Einkommen dort hinzuweisen, wo es entsteht. Wenn demnach der Fall eintritt, daß in einer Gemeinde, in der das steuerpflichtige Gewerbe betrieben wird, keine Zahlung an Angestellte erfolgt, so dürfte daraus nicht der Schluß gefolgert werden, daß diese Gemeinde auch kein Steuerrecht (!) auf das Einkommen habe.

Wenn das preußische Oberverwaltungsgericht in dem Urteil vom 5. Januar 1906 (E. Bd. 48, S. 55) zu diesem Schlusse kommt, weil es in der einen Gemeinde des Gewerbebetriebs an dem Kriterium „tatsächlich" gezahlter Gehalte und Löhne mangelt, weil nämlich dort nur der Inhaber und seine Angehörigen das Geschäft leiten (!), so entspricht eine solche Entscheidung der ratio des Gesetzes durchaus nicht. Das Gericht erkannte dies auch; denn es sagt: „Zwar entspricht es nicht der Billigkeit, daß die Gemeinde E., wo sich nach der Behauptung des Klägers sein Hauptgeschäft befindet, bei der Verteilung des Einkommens aus seinem Gewerbebetrieb unberücksichtigt bleiben soll; aber nach der anzuwendenden Gesetzesvorschrift kann die Entscheidung nicht anders ausfallen. — Die Gemeinde J. (Filialgemeinde!) ist berechtigt, das gesamte Einkommen des Klägers zu besteuern, jedoch mit der aus § 49 Abs. 2 KAG. sich ergebenden Einschränkung, daß der Wohnsitzgemeinde $^1/_4$ des Gesamteinkommens zur Besteuerung verbleibt." — Obgleich die infolge der Entscheidung ungerechtfertigte Verkürzung der Wohnsitzgemeinde durch den letzten Satz in etwas wieder ausgeglichen wird, so erscheint uns doch die Anwendung des § 47 in dieser Weise verwerflich und geeignet, die Rechtsunsicherheit gerade auf dem verwickelten Gebiet der Forensenbesteuerung zu vermehren. Wie schon angeführt, soll § 47 Abs. 2 nur in dem Fall, daß die Wohnsitzgemeinde gar keine Steuer erhält, die Möglichkeit gewähren, ihr eine entsprechende Quote des Gesamteinkommens zu sichern; in unserm Falle liegt aber in der Wohnsitzgemeinde ein Einkommen vor, welches allerdings nicht ohne weiteres festgestellt werden kann. In solchen Fällen sollte doch vor allem darnach gestrebt werden, unter Zuhilfenahme der tatsächlichen Verhältnisse das Einkommen an jedem Orte festzustellen und, wenn dies durchaus unmöglich ist, das Gesamteinkommen nach der Zahl der Filialen zu teilen. Der hier seitens des OVG. versuchten Lösung können wir jedoch keineswegs zustimmen.

Der den preußischen Gemeinden vorgeschriebene Verteilungsmaßstab ist aber auch in hohem Maße geeignet, Doppelbesteuerung zu vermeiden, weshalb er auch dort, wo er anwendbar ist, nicht unberücksichtigt gelassen werden darf. Ziemßen macht in einem Artikel „zur Auslegung des Reichsgesetzes wegen Beseitigung der Doppelbesteuerung“ hierauf aufmerksam[1]).

„Bei der Aussonderung des Anteils am Gewerbebetrieb nach Maßgabe des Reichsgesetzes“, sagt Ziemßen, „neigen generell die preußischen Steuerbehörden dazu, den Brutto-Umsatz oder die Brutto-Einnahmen als Verteilungsmaßstab anzuwenden, während sie die Verteilung nach den verausgabten Löhnen, Gehältern und Tantiemen ablehnen. — Die letztere Berechnungsweise erscheint uns mindestens dann mehr am Platze, wenn das Unternehmen, wie das bei solchen von größerem Umfange erforderlich ist, von einer Stelle aus, gewöhnlich dem Sitz der Verwaltung, geleitet wird.“ Mit Recht verweist Ziemßen darauf, daß infolge der Organisation dieser umfangreichen Betriebe die Zentralleitung, weil sie die geistige Führerin dieses Werkes ist, meist gar keine Einnahmen aufweisen kann, eine Verteilung des Reingewinnes nach diesem Maßstab also ein ganz schiefes Bild ergeben müßte, „während gerade die Ausgaben an Löhnen, Gehältern und Tantiémen einen Rückschluß zulassen auf den in der Zentrale beschäftigten Beamtenstand, damit im allgemeinen auch auf den Umfang der Arbeiten, die dort zu bewältigen sind, und auf die Bedeutung der Zentrale im Vergleich zu den Verkaufs-Bureaus, soweit der Anteil jeder Betriebsstätte an dem erzielten Gesamtgewinn in Frage steht.“

Bevor wir diesen wichtigen Punkt interkommunalen Steuerrechts verlassen, müssen wir uns aber noch gegen das nach preußischem Recht der Zentralleitung überwiesene „Praecipuum“ aussprechen. § 47 KAG. schreibt vor, daß die Verteilung des Einkommens in der Weise stattfinden soll, daß: a) bei Ver-

---

[1]) Holdheims Monatsschrift für Handelsrecht und Bankwesen, Steuer- und Stempelfragen 1901, Nr. 12.

sicherungs-, Bank- und Kreditgeschäften derjenigen Gemeinde, in welcher die Leitung des Gesamtbetriebes stattfindet, der zehnte Teil des Gesamteinkommens vorab (!) überwiesen, dagegen der Überrest nach Verhältnis der in den einzelnen Gemeinden erzielten Bruttoeinnahmen verteilt wird." Die besondere Vergünstigung der Sitzgemeinde wird nicht damit gerechtfertigt, daß das Unternehmen etwa besondere Ansprüche an diese Gemeinde macht, sondern man glaubt dieses Geschenk der Sitzgemeinde machen zu müssen, weil sie an der Gewinnerzielung im ganzen in besonders hohem Maße beteiligt ist. Wir sind der Ansicht, daß diese Zuweisung von 10% an die Sitzgemeinde den Zweck der ganzen Institution zu vernichten geeignet ist, weil sie das Entgelt, auf welches die übrigen Gemeinden ein Recht haben, in gefährlicher Weise verkürzt. Diese Zuweisung wäre offenbar nur dann gerechtfertigt, wenn nachgewiesen würde, daß die Sitzgemeinden durch das Unternehmen besonders große Aufgaben zu erfüllen hätten. Aber gerade bei jenen Unternehmen, wie Bank- und Versicherungsgesellschaften, kann dies nicht behauptet werden; vielmehr pflegt dies der Fall zu sein bei Berg- und Hüttenwerken, Fabriken u. a. m., deren Sitzgemeinde aber gerade dieses „Praecipuum" abgesprochen wird[1]).

4. Kapitel.

I. Die Einkommenbesteuerung der Forensen vom Standpunkt einer Reinertragsteuer im Rahmen der Subjektsteuer.

Die Art der Veranlagung der Forensen, wie sie in den deutschen Gemeindesteuerregulativen durchgeführt ist, läßt am besten erkennen, wie wenig man heute noch in das Wesen der Forensenbesteuerung eingedrungen ist.

Während die verbreitetere Meinung davon ausgeht, daß es sich hier um eine Personenbesteuerung handelt, die nach denselben Normen beurteilt werden müßte, wie die Besteuerung

[1]) Wie sehr übrigens die Vergünstigung des Sitzstaates (oder der Sitzgemeinde) zu Doppelbesteuerung führen kann, vgl. Ziemßen, a. a. O. S. 279.

der übrigen Bewohner der Gemeinde, und demgemäß vorschreibt, daß bei der Veranlagung des Forensaleinkommens zunächst das Gesamteinkommen des Forensen festgestellt wird und dann der diesem Gesamteinkommen entsprechende Steuersatz im Verhältnis des Gesamteinkommens zum Forensaleinkommen entsprechend geteilt wird, geht die andere Richtung von der richtigen Erkenntnis aus, daß das Forensaleinkommen nur den Reinertrag der Erwerbsquelle einer gar nicht vorhandenen Person bildet. Darum kann es sich bei der Veranlagung zur Steuer nicht handeln, die besonderen Eigentümlichkeiten der Person berücksichtigen zu müssen; es darf vielmehr nur als Ziel betrachtet werden, den Reinertrag dieser Erwerbsquelle zu erfassen.

Mit dieser Auffassung — das möchten wir doch sofort einfügen — macht sich diese Richtung nicht zur Aufgabe, eine Objekt-(Ertrag-)Steuer in den Rahmen der persönlichen Steuern einzufügen; denn die forensale Ertragsquelle wird nicht nach ihrer „durchschnittlichen Ertragsfähigkeit" veranlagt, sondern nach Maßgabe des ganz individuellen periodischen Reinertrags. Damit ist offenbar der subjektive Charakter der Forensalsteuer erhalten geblieben.

Während Preußen in dem KAG. von 1893 den letzteren und prinzipiell richtigeren Grundsatz der „selbständigen Veranlagung" der Forensen übernommen hat, stehen fast alle übrigen deutschen Staaten noch auf dem Boden der ersteren Richtung. In der ungenügenden Erfassung „des Grundsatzes gerechten Entgelts" und in der ausschließlichen Verfolgung einer Steuer nach Maßgabe persönlicher Leistungsfähigkeit kann auch hier die Erklärung dieser Kontroversen gefunden werden, worauf im folgenden einzugehen ist.

Das Prinzip der Veranlagung der Forensen unter Rückgriff auf ihr Gesamteinkommen verdankt neben den aus prinzipiellen Erwägungen hervorgehenden Einwänden gegen eine selbständige Veranlagung (Progression) seine größere Verbreitung in besonderem Maße der hiermit in Zusammenhang stehenden leichteren Durchführung der Veranlagung dieser Personen. Dies läßt sich z. B. deutlich aus den Motiven herauslesen, welche dem § 2 der Novelle zum oldenburgischen Gesetz vom 1. Oktober 1888 beigegeben sind; sie sagen: „Man hat das Prinzip aufgestellt, daß, falls das hier steuerpflichtig gewordene Einkommen der Auswärtigen aus mehreren Gemeinden bezogen wird, der betreffende Steuerpflichtige zu den Gemeindelasten jeder einzelnen Gemeinde in dem Verhältnis herangezogen wird, in welchem das aus dieser Gemeinde bezogene Einkommen zu dem Gesamteinkommen aus mehreren Gemeinden steht. Dieser Grundsatz ist auch für die Besteuerung der inländischen Steuerpflichtigen der hier fraglichen Art nutzbar zu machen.

Der Satz der Staatssteuer (Gesamteinkommen) wird über die berechtigten Gemeinden nach Quoten verteilt, die in jeder einzelnen derselben von einem verschiedenen Prozentsatz getroffen werden können (Kommunalsteuerzuschlag!), aber in ihrer Gesamtheit wieder den staatlichen Steuersatz bilden, der also als Ganzes nur einmal, allerdings vielleicht in verschieden abgestuften Höhen, den Zuschlägen durch Gemeindeabgaben unterliegt. Hält man an einer derartigen Repartition des Steuerbetrages fest, so gelangt man zu richtigeren Resultaten als bei dem preußischen Verfahren, welches sich veranlaßt sieht, jeder Gemeinde das in ihr aufkommende steuerpflichtige Einkommen zur selbständigen Einschätzung zu überweisen. — Auch wenn man dabei die Einhaltung der Vorschriften der staatlichen Schätzung zur Bedingung machte, so wäre doch keine Garantie gegeben, daß die einzelnen Ergebnisse einer derartigen Schätzung nicht erheblich voneinander abweichen und in ihrer Gesamtheit zu einem ganz anderen Reineinkommen führen, als dasjenige ist, welches die staatliche Schätzungskommission in der Wohnsitzgemeinde ermittelt hat.“ —

Wir sehen, im Grunde ist es Bequemlichkeit, welche die Staaten (ähnlich auch Württemberg und Baden) diese schwierige Materie übergehen läßt; denn sie fragen sich nicht, was vom Standpunkt gerechter Besteuerung das Richtigere sei.

Offenbar widerspricht die Verteilung des Gesamteinkommensteuersatzes auf alle Gemeinden der Forderung, daß dem Bezirk, in dem das Einkommen entstanden ist, auch das ausschließliche Recht der Besteuerung bleiben soll. Denn wenn z. B. die Schulden, welche auf einem Forensalbetrieb haften, ohne Rücksicht hierauf vom Gesamteinkommen in Abzug gebracht werden, so läßt sich sehr wohl eine empfindliche Verkürzung der Steuerkraft der Wohnsitzgemeinde denken. —

Andererseits überweist dieses System der Forensalgemeinde Steuerkräfte, auf die sie in keiner Weise Anspruch machen kann. Man denke sich ein Einkommen von 50000, welches 5000 auf ein auswärtiges Grundstück zurückführt. Nach dem in Rede stehenden Prinzip würde die Forensalgemeinde von dem einem Einkommen von 50 000 Mark entsprechenden, infolge der Progression natürlich hohen Steuersatze $^1/_{10}$ beanspruchen können. Wir fragen: Aus welchem Grunde soll die Forensalgemeinde, die mit jener ein hohes Einkommen beziehenden Person in keiner Beziehung steht, berechtigt sein, an dem progressiven Steuersatz zu partipizieren? — Diese Regelung der Forensenbesteuerung widerspricht sonach entschieden auch einer Steuer nach dem Vorteil.

Vergegenwärtigen wir uns dagegen hier das Bild, wie es sich nach preußischem Recht entwickelt hat. Bereits die preußische Kreisordnung vom Jahre 1872 hat den in der ganzen Frage grundlegenden Gedanken in § 16 richtig erkannt, indem dieser bestimmt, daß das außerhalb des Kreises entstehende Einkommen außer Berechnung zu bleiben hat und hieran die Deklaration anschließt: Dies geschieht durch Absetzung der bezüglichen Einkommenquote von dem zur Staatssteuer veranlagten Gesamteinkommen und durch verhältnismäßige Herabsetzung des festgestellten Steuersatzes.

Die Gerichte haben dann hieran den Satz geknüpft: Der Domizilkreis knüpft bei seiner Besteuerung an den Steuersatz für das Gesamteinkommen an, wogegen der Forensalkreis sich lediglich an das Einkommen innerhalb des Forensalkreises zu halten hat. Diese Praxis hat die Grundlage für das neue preußische KAG. gebildet und ist vom Standpunkt gerechter Steuer wohl auch allein zu rechtfertigen, weil sie prinzipiell bei der Veranlagung in der Forensalgemeinde auf das Gesamteinkommen keine Rücksicht nimmt.

Indem §§ 49 und 50 erklären, daß bei der Heranziehung in der Wohnsitzgemeinde das außerhalb des Gemeindebezirks entstehende Einkommen frei zu lassen ist, gibt § 36 Abs. 2

die Handhabe, wie man bei der Veranlagung in der Forensalgemeinde vorzugehen hat. Er sagt: „Ist das gemeindesteuerpflichtige Einkommen ganz oder zum Teil zur Staatseinkommensteuer nicht veranlagt, so ist der dem Zuschlage zugrunde zu legende Steuersatz, sofern sich aus den §§ 44—46 (Domänen, Forsten, Eisenbahnen) nicht ein anderes ergibt, nach den für die Veranlagung der Staatseinkommensteuer geltenden Vorschriften zu ermitteln.“

Aus dieser Gegenüberstellung der Veranlagung in der Wohnsitzgemeinde nach Maßgabe des Gesamteinkommens und der Forensalgemeinde nach Maßgabe des in ihr entstehenden Einkommens oder Reinertrags ergibt sich nun eine Konsequenz, die mit dem Prinzip der progressiven Einkommensbesteuerung nicht im Einklang steht, und welche in der Tat geeignet ist, den ausschließlichen Anhängern des Grundsatzes einer Steuer nach der Leistungsfähigkeit die Forderung, die Forensen durch persönliche Steuern zu belasten, als eine „Widersinnigkeit“ erscheinen zu lassen. In den Verhandlungen zum preußischen KAG. wurden folgende Fälle konstruiert, welche die Unhaltbarkeit der Forensenbesteuerung durch die Einkommensteuer beleuchten sollten:

„Ein Mann,“ sagte man, „mit 3200 Mark Einkommen, von denen je 800 Mark aus drei Forensalgemeinden fließen, wird nur in der Wohnsitzgemeinde von $^1/_4$ seines 60 Mark betragenden Staatssteuersatzes, also von 15 Mark zur Gemeindeeinkommensteuer herangezogen; in den Forensalgemeinden würde er, falls Personen bis 900 Mark Einkommen dort nicht herangezogen würden, überhaupt nicht, höchstens aber mit je 4 Mark veranlagt, so daß er also insgesamt 27 Mark Gemeindesteuern zahlt. — Wenn nun derselbe Mann dieses Einkommen allein aus der Wohnsitzgemeinde bezöge, so würde er mit 60 Mark Gemeindesteuer herangezogen, obwohl seine Leistungsfähigkeit dieselbe bleibt.“ —

Und weiter führte man an: „Ein Mann, der z. B. aus einer Forensalgemeinde ein Einkommen aus Grundbesitz von 3000 Mark und aus einer andern aus einer Fabrik ein Jahresdefizit von 5000 Mark und im übrigen in der Wohnsitzgemeinde kein besonderes Einkommen bezieht, im ganzen überhaupt kein Aktiveinkommen, sondern Minuseinkommen von 2000 Mark, ist somit überhaupt nicht staatssteuerpflichtig. Trotzdem wird er in der Forensalgemeinde des Grundbesitzes von 3000 Mark mit 60 Mark zur Gemeindeeinkommensteuer herangezogen." Um solche Kuriositäten in der Steuer zu vermeiden, stellten die Gegner selbständiger Veranlagung der Forensen den Antrag: „bei Veranlagung derjenigen Steuerpflichtigen, deren Einkommen zum Teil aus außerhalb des Bezirks ihrer Wohnsitzgemeinde betriebenen Unternehmungen fließt, ist der für das steuerpflichtige Gesamteinkommen zu ermittelnde Steuersatz auf Wohnsitz- und Forensalgemeinde in dem Verhältnis des auf dieselben entfallenden Einkommens zu teilen."

Abgesehen davon, daß die Verhältnisse, wie sie in obigen Beispielen ausgedacht sind, nur äußerst selten in Wirklichkeit treten, werden uns hier besonders die Folgen ersichtlich, welche sich aus einseitiger Steuerpolitik ergeben müssen.

In der Auffassung jener Richtung, als ob im Steuerwesen immer nur dem Ziele zugestrebt werden müsse, die Opfer einzelner in ihrem Verhältnis zueinander auszugleichen, d. h. eine Steuer nach der persönlichen Leistungs- oder Steuerfähigkeit erheben zu müssen, vergißt man hier gänzlich, daß es im Steuerwesen auch nicht zum wenigsten angebracht ist, das Interesse der Gemeinden als solcher, d. h. der Allgemeinheit, zu wahren, und zwar durch Erfassung der im Gemeindebezirk sich entwickelnden Steuerkräfte. Eine Veranlagung der Forensen in der Forensalgemeinde aber unter Rückgriff auf das Gesamteinkommen beachtet nicht, daß der Forense nur insoweit dieser Gemeinde angehört, als er Besitz und Einkommen in ihr hat; nur insoweit haben auch Gemeinde und Staat ein Recht zur Besteuerung. Der Forense — das kann nicht genug betont werden — macht seiner Gemeinde nur insoweit Lasten und bezieht nur insoweit Vorteile aus ihr, als er wirtschaftlich zu ihr in Beziehung steht. Für eine Forensalgemeinde, in welcher ein Forense nur z. B. einige ertragreiche Äcker hat, darf offenbar nicht in Betracht kommen, ob dieser Mann zufällig außerdem großes Vermögen hat, da dieses mit ihr in keinem Zusammenhang steht. Andererseits ergibt sich aus alledem aber auch nicht schlechthin, daß eine Gemeinde verzichten müßte auf die Steuer, welche auf Grund und Boden ihres Bezirks und auf dessen Erträge gelegt ist, nur weil der fremde Besitzer in einem anderen gewerblichen Unternehmen Unterbilanz gezogen hat.

Solche Verhältnisse zu berücksichtigen, ist in der Wohnsitzgemeinde, wo es gilt, eine Person nach ihrer gesamten Steuerfähigkeit zu erfassen, ganz gewiß geboten.

Mit der Belastung einzelner Einkommensquellen und Vermögensteile sind nun freilich Schwierigkeiten mannigfacher Art verbunden; aber deshalb von einer Einkommen- und Vermögensteuer der Forensen abzusehen und sich etwa mit Ertragsteuer begnügen zu wollen, ist, wie wir schon im ersten Teil unserer Untersuchung nachzuweisen versuchten, vom Standpunkt „gerechter Opfer" nicht zu rechtfertigen.

Naße hat in seinem Gutachten zur preußischen Kommunalsteuerreform (Schr. d. V. f. S.-P. 1875, S. 283) zur Veranlagung der Forensen in der Einkommensteuer auf eine der wichtigsten Konsequenzen der Forensenbesteuerung hingewiesen. Er sagt: „Will man bei der Wahl des Steuerfußes nur die Höhe des Reinertrags berücksichtigen, welchen der Grundbesitz oder der Gewerbebetrieb im Gemeindebezirk abwirft, so ist doch die Progression des Steuerfußes nur deshalb vom Gesetzgeber angeordnet, weil man von den minder bemittelten Klassen aus verschiedenen Gründen einen geringeren Prozentsatz des Einkommens erheben will als von dem Wohlhabenden! Es unterliegt aber keinem Zweifel, daß jemand sehr wohlhabend sein kann, obwohl er aus seinem Grundeigentum in einer Gemeinde nur 1500 Mark jährlich bezieht." Und weiter: „Da nach fast allen Gemeindegesetzen (Preußens), welche die Besteuerung der Forensen statuieren, die Steuerpflichtigen von dem durch Forensenbesteuerung getroffenen Einkommen aus Grundeigentum an die Wohnortsgemeinde nichts zu steuern haben, so kann durch diese Einrichtung ein recht wohlhabender Steuerpflichtiger für einen Teil seines Einkommens des ermäßigten Steuerfußes teilhaftig werden, der für die bedürftigen Klassen in schonender Weise eingerichtet ist."

Auch dieses Bedenken, welches vor allem auch die Vergünstigung jener Forensen gegenüber solchen Personen im Auge hat, welche alle ihre Einkünfte am Wohnsitz beziehen und insofern den Konsequenzen der progressiven Steuer völlig unterliegen, verliert an Bedeutung, wenn man sich vergegenwärtigt, in welcher Weise einer gerechten Steuerverteilung gedient wird, wenn man nicht allein das Interesse des Individuums, sondern auch das der Gesamtheit nach obiger Steuerpolitik zu wahren bemüht ist. Im übrigen läßt sich auch dieser aus dem Prinzip der Progression sich ergebende Mangel, wie wir noch sehen werden, durch eine besondere Steuerskala für die Forensen beseitigen. —

Während das preußische Abgeordnetenhaus bei Beratung des KAG. in seiner Majorität an der richtigen Erkenntnis festhält, daß es sich in der Forensalbesteuerung nur darum handelt: die in der Gemeinde vorhandenen Steuerkräfte zu erhalten und nach Maßgabe ihres Interesses zu belasten, und demgemäß ganz konsequent den Reinertrag dieser Quellen heranzieht, haben andere Staaten, aller prinzipiellen Erwägungen ungeachtet, der Forensalgemeinde gleiche Rechte wie den Wohnsitzgemeinden am Gesamteinkommen eingeräumt. Kommen z. B. in Württemberg mehrere Forensalgemeinden in Betracht, so teilen sich diese in den nach Art. 38 Abs. 3 und Art. 18 des EStG. ermittelten Einheitssatz, und zwar im Verhältnis der Höhe des Einkommens aus dem auf ihrer Markung gelegenen Grund- und Gebäudebesitz und Gewerbebetrieb des Steuerpflichtigen zu dem gesamten steuerbaren Einkommen desselben[1]).

Wie wir früher schon feststellen konnten, haben besonders die süddeutschen Staaten wegen Überschätzung der entstehenden Schwierigkeiten sich nur zu einer beschränkten Überweisung des Einkommens an die Gemeinde der Entstehung entschließen können; in der Frage der Art der Veranlagung des Forensaleinkommens finden wir wiederum eine auffallende Abneigung vor einer „selbständigen“, d. h. ohne Rücksicht auf das Gesamteinkommen vorzunehmenden, Erfassung des steuerpflichtigen Reineinkommens der Quelle. —

In der Kommission zur Beratung des Entwurfs des württembergischen Einkommensteuergesetzes wird zwar auch gegen die Veranlagung der Forensen nach Maßgabe ihres Gesamteinkommens Einspruch erhoben; man erledigte diesen jedoch einfach mit der Bemerkung, „daß man bei der Zerlegung der

---

[1]) Vgl. § 38 der württembg. V. V. vom 22. September 1904.

Schulden — was bei einer selbständigen Veranlagung des Forensaleinkommens nicht zu umgehen ist — verschiedene Einheitssätze und Progressionen erhielte, auch eine gewisse Umgehungsmöglichkeit geschaffen würde, indem durch Legung der Hypotheken auf ein bestimmtes Grundstück einer Gemeinde die Steuer künstlich entzogen werden könnte." —

Wir wollen im folgenden an Hand der preußischen Gesetzgebung nachzuweisen versuchen, wie bei einigem guten Willen auch diese Einwände gelöst und eine Reinertragsteuer von den Forensen innerhalb der allgemeinen Einkommensteuer durchzuführen möglich ist. —

II. Die tatsächliche Durchführung in Preußen.

Vergegenwärtigt man sich, daß die allgemeine Einkommensteuer sich zur Aufgabe macht, die gesamten Einkünfte einer Person, also Einkommen aus Grundbesitz, Gewerbebetrieb, gewinnbringender Beschäftigung usw., nach Maßgabe ihrer persönlichen Steuerfähigkeit heranzuziehen, so wird man nicht die Forderung aufstellen können, daß ein zu besteuerndes Forensaleinkommen, welches doch nur den Ertrag einer Einkommensquelle einer gar nicht anwesenden Person darstellt, nach denselben Gesichtspunkten veranlagt wird, wie das Gesamteinkommen der Anwesenden.

Für eine besteuernde Gemeinde kann für diese Fälle doch nur Ziel sein, den Reinertrag der vorliegenden Steuerkraft als Steuerobjekt zu erfassen; es wird ihr also nur darauf ankommen können, jene Schulden zu wissen, welche speziell für diese Erwerbsquelle aufgenommen sind oder welche ihr „wirtschaftlich zugehörig" sind: alle übrigen, die persönlichen Verhältnisse des Eigentümers der Erwerbsquelle berührenden Umstände werden ihr gleichgültig sein müssen, da es für sie ja gar nicht in Frage kommt, den Forensen nach seiner persönlichen Leistungsfähigkeit zur Steuer heranzuziehen.

Zu ganz anderer Auffassung kommt man, wenn man z. B. mit Schön[1]) das Forensaleinkommen als „Quote des Gesamt-

[1]) Schön, Recht der Kommunalverbände, 1897, S. 303.

einkommens" betrachtet. Er steht nicht an zu erklären: „Bei Ermittlung des in der Forensalgemeinde zu besteuernden Einkommens sind von dem Bruttoertrage der in der Forensalgemeinde befindlichen Einkommensquellen nicht nur die mit diesen Quellen in ursächlichem Zusammenhange stehenden Ausgaben, sondern anteilig auch die auf dem gesamten Vermögen der Forensen lastenden Ausgaben in Abzug zu bringen."

Und ähnlich sagt auch Leidig[1]): „Wichtiger noch ist das zweite Ergebnis, das man aus der Auffassung des Forensaleinkommens als einer Quote des gesamten Einkommens folgert; denn es darf nun auch nicht der Abzug der Ausgaben von dem Bruttoertrag derjenigen Objekte, die dem Steuerrecht der Forensalgemeinde unterliegen, nur auf solche Ausgaben beschränkt bleiben, welche gerade den Reinertrag dieser Objekte schmälern, — sondern darüber hinaus muß auch von all denjenigen rechtlichen Verpflichtungen, die das gesamte Bruttoeinkommen des Steuerzahlers belasten, ohne doch zu einer bestimmten Ertragsquelle in Beziehung zu stehen, der Teil in Abrechnung gebracht werden, welcher dem Verhältnis des gesamten Bruttoeinkommens entspricht zu dem Bruttoeinkommen des Objekts, das von der Forensalgemeinde besteuert wird."

Diesen Ausführungen stimmt die preuß. Gesetzgebung nicht zu; sie geht vielmehr von dem auch von uns vertretenen Gesichtspunkt aus und ist bestrebt, den Forensen einer Reinertragsteuer zu unterwerfen. Das preußische Einkommensteuergesetz unterscheidet scharf jene Personen, die mit ihrem Gesamteinkommen der Steuer unterliegen, von jenen, die nur mit gewissen Teilen ihres Einkommens, will sagen der „beschränkten Steuerpflicht", unterliegen (Forensen). — Die §§ 1 und 2 des preußischen EStG., welche diese Gegensätze regeln, werden von dem Senatspräsidenten des Kgl. Ober-Verwaltungs-Gerichts B. Fuisting im Anschluß an die Entscheidungen desselben Gerichts folgendermaßen interpretiert:

„Der § 1 betrifft die unbeschränkte, sich grundsätzlich auf das Gesamteinkommen erstreckende Steuerpflicht, während

---

[1]) Leidig, Preußisches Stadtrecht, 1891, S. 264.

§ 2 die auf bestimmte Einkommensbezüge aus inländischen Quellen beschränkte Besteuerung zum Gegenstande hat. Die unbeschränkte Steuerpflicht ist rein subjektiv; sie wird durch das Zutreffen bestimmter Voraussetzungen in der Person des Steuersubjektes begründet, durch Staatsangehörigkeit, Wohnsitz, Aufenthalt bei natürlichen Personen, durch Sitz in Preußen bei anderm Steuersubjekte. Die beschränkte Steuerpflicht des § 1 ist dagegen eine Folge der Entstehung des Einkommens aus gewissen inländischen Ertragsquellen und hat nur insoweit subjektive Voraussetzung, als die Steuerpflicht sich, wie überhaupt, so auch hier, nur auf natürliche Personen und die bezeichneten sonstigen Rechtssubjekte erstreckt. — Die beschränkte Steuerpflicht nach § 2 erstreckt sich nicht auf die Summe der einem Pflichtigen aus sämtlichen zu seiner Verfügung stehenden Quellen zufließenden Reinerträge unter Kürzung der gesetzlich als abzugfähig anerkannten, nicht mit einer bestimmten Ertragsquelle verknüpften Passivleistungen, sondern nur auf die Reinerträge bestimmter preußischer Ertragsquellen, ohne jede Rücksicht auf die Gestaltung der Einkommensverhältnisse in der Person des Pflichtigen und auf seine sich hieraus ergebende Leistungsfähigkeit. Es handelt sich hierbei also nicht um eine das Gesamteinkommen (sic!) ergreifende Einkommens-, sondern um eine Art der Ertragsbesteuerung, welche im Einkommensteuergesetz geregelt und als Einkommensteuer bezeichnet wird. Das innere Wesen dieser Besteuerung wird hierdurch nicht berührt und schließt die Berücksichtigung aller persönlichen, nicht mit der Ertragsquelle im ursächlichen Zusammenhange stehenden Abzüge und Verhältnisse aus." —

Nach diesen allgemeinen Hinweisen wollen wir sofort gewisse Einzelheiten der preußischen Einkommensteuer-Gesetzgebung hervorheben, in welchen uns der Charakter der Forensensteuer als einer Reinertragsteuer noch deutlicher entgegentritt.

Zwei wesentliche Punkte sind es, welche die Forensen in der Veranlagung innerhalb der allgemeinen Einkommensteuer in eine Sonderstellung bringen:

1. Die Bestimmungen der §§ 19 und 20 des preußischen EStG., welche sich lediglich als gesetzlich gebilligte

Vergünstigungen für Familienväter darstellen, welche durch große Familie wirtschaftlich besonders in Anspruch genommen sind, haben für Forensen keine Geltung.

2. Dem Forensaleinkommen ist ein Schuldenabzug nur so weit gestattet, als diese in ursächlichem Zusammenhang mit der Erwerbsquelle stehen.

Bezüglich des ersten Punktes hat besonders auch das preußische OVG. daran festgehalten, daß die §§ 19 und 20, welche lediglich Ausgaben wegen großer Familie, hohen Alters, Gebrechlichkeit vom Gesamteinkommen abzuziehen gestatten, für die Fälle der „beschränkten“ Steuerpflicht nicht zur Anwendung kommen.

Das EStG. hatte hierzu keine Vorschrift gegeben, weshalb es häufig zu Klagen vor der Verwaltungsinstanz kam, in welchen Forensen, die nach § 2 des Gesetzes beschränkt steuerpflichtig waren, gewisse Abzüge auf Grund der §§ 19 und 20 forderten.

In der richtigen Erfassung des Wesens der Forensenbesteuerung erkannte aber das Gericht etwa folgendermaßen:

„§ 2 des EStG., der die auf bestimmte Einkommensbezüge aus inländischen Quellen beschränkte Besteuerung zum Gegenstand hat, steht im Gegensatz zu § 1. Während hier von unbeschränkt steuerpflichtigen Personen die Rede ist, d. h. von Personen, deren Besteuerung unter Zusammenfassung der vollen Steuerkraft zu bemessen ist, handelt es sich dort um beschränkt steuerpflichtige Personen, für die nur vereinzelte Steuerquellen den Besteuerungsgrund und -maßstab abgeben. Kennt aber § 2 eine Besteuerung nach einzelnen Quellen, die losgelöst sind von der gesamten persönlichen Steuerkraft und Leistungsfähigkeit, so entspricht es dem Wesen einer solchen Besteuerung (sic!), daß nur die sachlich damit verbundenen, bzw. die darauf haftenden, Ausgaben abgesetzt werden dürfen, um das Reineinkommen aus dieser für sich zu betrachtenden Quelle darzustellen. Für ein Mehreres findet sich kein Raum, und eine Untersuchung darüber ist ausgeschlossen, ob und wie der Steuerpflichtige persönlich (!) noch andere Ausgaben zu decken hat, mögen darunter auch solche Ausgaben sich befinden, die zugunsten der unbeschränkt Steuerpflichtigen für abzugsfähig von ihrem Gesamteinkommen im Gesetz erklärt sind (vgl. E. u. StG. Bd. III, Nr. 35; Bd. VI, S. 113)." —

Hat das OVG. somit auf diesem Gebiet die gerechte Forensenbesteuerung gefördert, indem es den Charakter des Forensaleinkommens in der richtigen Weise hervorhob, so hat es andererseits durch seine Urteile dazu beigetragen, den klaren Blick in diesen Fragen zu trüben, wenigstens so weit es sich um den Schuldenabzug bei der Veranlagung der Forensen handelt. Um hier die anfängliche verkehrte Auffassung des OVG. zu verstehen, muß man sich das preußische EStG. in alter Fassung vergegenwärtigen.

Das Gesetz vom Jahre 1891 bestimmte im § 9 Nr. 2:

> „Erstreckt sich die Besteuerung lediglich auf das im § 2 bezeichnete Einkommen (Forensaleinkommen), so sind nur die Zinsen solcher Schulden abzugsfähig, welche auf den inländischen Einkommensquellen haften oder für deren Erwerb aufgenommen sind."

Im Anschluß an den Wortlaut dieses Paragraphen erklärte das OVG. in direktem Widerspruch zu der Auffassung der Besteuerung des Reinertrags der forensalen Quellen, welche doch logisch eine Beschränkung des Schuldenabzugs nach wirtschaftlichen Momenten verlangte, jede Schuld für abzugsfähig, soweit sie rechtlich auf der Quelle haftet.

In strenger Anlehnung an den Wortlaut des § 9 hat sich das OVG. in einem Urteil vom 2. Oktober 1893 auf ganz verkehrte Wege leiten lassen, die für die Ausbildung rationeller Forensenbesteuerung höchst gefährlich wurde[1]).

„Über die Herstellung" — so heißt es dort — „und die Intensität dieses Zusammenhanges (zwischen Schuld und Quelle) glaubt der Gesetzgeber genug gesagt zu haben, wenn er ein „Haften" auf der Quelle verlangt." Daraus sieht man mit Notwendigkeit, daß einerseits keine Art der Verbindung (!) zwischen Schuld und Einkommensquelle zwingend vorge-

---

[1]) Vgl. E. u. StG. Bd. II, S. 107: Die Abzugsfähigkeit der Zinsen eines Darlehens, das durch hypothekarische Eintragung auf dem innerhalb des preußischen Staatsgebiets belegenen Grundbesitz sichergestellt ist.

schrieben ist, also auch nicht die der Eintragung, weil Quellen dabei in Frage kommen können, bei denen diese nicht möglich, daß darauf „Haften“ von Schulden aber doch eintreten kann, andererseits aber auch keine Art der Verbindung absolut ausgeschlossen wird (!), folglich auch nicht die sehr intensive der Verpfändung, wo sie tatsächlich und rechtlich ausführbar, — sondern daß es der Prüfung der mit der Handhabung des Gesetzes betrauten Behörden in Auslegung des Gesetzes überlassen ist, ob eine Schuld auf der gerade in Rede stehenden Quelle „haftet“, ein Tatbestand, der nicht rein tatsächlicher, sondern zugleich in hervorragendem Umfange rechtlicher Natur und dem darum auch in Beschwerdesachen nachzugehen ist.“

Und weiter führt das Urteil aus:

„Nach dem Sprachgebrauch des gewöhnlichen, auch des wirtschaftlichen und Verkehrslebens wird man eine Schuld oder Last jedenfalls überall da als „auf die Dauer haftend“ anerkennen, wo mit dem Besitze der Sache und lediglich um dieses Besitzes willen die Schuld oder Last auf den Inhaber der Sache übergeht — dergestalt, daß er selbst ganz unabhängig von seinem Willen mit der Sache auch die Schuld überkommt.“

Gegen diese juristischen Feinheiten ist im allgemeinen gewiß nichts einzuwenden; die Ausführungen erkennen aber den tieferen Kern der Vorschriften des § 9 Nr. 2 nicht; wir können der Meinung nicht zustimmen, daß der Gesetzgeber bei Festsetzung des Wortes „haften“ keine Art der Verbindung absolut ausgeschlossen haben wollte; mit diesem Grundgedanken hätte er sich mit § 2 des Einkommensteuergesetzes, wo es sich um die Erhaltung einzelner Einkommensquellen handelt, in Widerspruch gesetzt. Im Gegenteil glauben wir im Hinblick auf § 2 annehmen zu müssen, daß der Gesetzgeber gerade hiermit (§ 2 Nr. 2) darauf verweisen wollte, daß nicht die rechtlichen denkbaren Verbindungen von Schuld und Quelle überhaupt in Frage kommen sollten, sondern nur jene, welche sich auf wirtschaftliche Zwecke zurückführen lassen, d. h. daß der Schuldenabzug im Falle beschränkter Steuerpflicht nur so weit zu gestatten ist, als nachgewiesen ist, daß das Darlehen speziell der Gewinnerzielung durch die

Quelle dient. Ob eine Schuld rechtlich auf einer forensalen Quelle haftet, muß im Grunde einer gerechten Durchführung einer forensalen Reinertragsteuer gänzlich irrelevant sein; eine wörtliche Auslegung des § 9 Nr. 2 im Sinne des OVG., wäre imstande, ganz bedeutende Steuerkräfte dem Lande zu entziehen, also das ganze Prinzip der Forensenbesteuerung illusorisch zu machen. Eine Hypothek, welche auf einem Grundstück „haftet", braucht durchaus nicht dieser Erwerbsquelle dienen zu müssen; der Eigentümer kann mit diesen Mitteln ganz andere Zwecke verfolgen. Wollte nun ein Steuergesetz alle hypothekarischen Eintragungen bei der Veranlagung zu beschränkter Steuerpflicht berücksichtigen, dann könnte in der Tat die z. B. von Württemberg gefürchtete Tatsache eintreten, daß der Steuerpflichtige sich einfach dadurch der Steuerpflicht entzieht, daß er bedeutende Hypotheken auf jene die Steuerpflicht begründende Erwerbsquelle eintragen läßt.

In der Tat hat der preußische Staat durch die dem Wesen des Gesetzes widersprechende Auslegung des OVG. üble Erfahrungen in dieser Hinsicht gemacht, indem Ausländer, wenn sie nur eine bestimmte Quelle im Staate zu versteuern hatten, sich durch Eintragung von Hypotheken auf preußischen Besitz der Steuerpflicht entzogen, natürlich zum großen Nachteil der übrigen Bevölkerung.

Diese Umstände haben in Preußen zu einer Veränderung des § 9 geführt; der neue § 8 II beleuchtet in deutlicher, nicht mißzuverstehender Weise die Veranlagung der Forensen auf dem Boden einer Reinertragsteuer. Die Grundsätze sind etwa folgende:

Kommt eine Veranlagung eines Forensen in Frage, d. h. erstreckt sich die Besteuerung einer Person lediglich auf Einkommen aus preußischem Grundbesitz, Gewerbebetrieb oder aus preußischen Staatskassen gezahlten Gehältern, Pensionen usw., so sind nur die Zinsen solcher Lasten abzugsfähig (!), welche zu den bezeichneten inländischen Quellen wirtschaftlich in Beziehung stehen.

Um Unklarheiten aus diesen Worten zu bannen, fügt die Ausführungs-Anweisung des Finanzministeriums (vom 25. Juli 1906) zu dem Einkommensteuergesetz in der Fassung vom 19. Juni 1906 in Artikel 24 und das Gesetz selbst die Worte ein:

> „Eine wirtschaftliche Beziehung zwischen einer Schuld und dem Grundbesitz ist insbesondere anzunehmen, wenn die Schuld für den Erwerb oder zum Zweck der Verbesserung oder Bebauung des Grundstücks aufgenommen ist."

Und fügt noch hinzu:

> „Die Eintragung im Grundbuch ist nicht entscheidend." —

Auch für die Fälle, daß eine Schuld auf verschiedenen Quellen gleichzeitig haftet, also für die Praxis Schwierigkeiten entstehen könnten, wie weit ein Abzug sich rechtfertigt, gibt die Anweisung unter Nr. 5 Aufschluß, indem sie einen verhältnismäßigen Abzug gestattet.

Das preußische Recht hebt hiermit einen der wesentlichsten Einwände, welche man gegen eine Belastung der Forensen durch persönliche Steuern anführte, auf: es ist jetzt ausgeschlossen, daß im Lande entstehende Steuerkräfte durch künstliche Machenschaften der Finanzgewalt entzogen werden könnten.

Während nach früherem Recht das rechtliche Moment der Verpfändung maßgebend war für den Abzug der Schuldzinsen, wird jetzt der Nachweis des wirtschaftlichen Zusammenhanges zwischen Schuld und Quelle verlangt, wodurch die gerechte Belastung des Reinertrages gesichert ist. Das OVG. hat sich übrigens von seiner früheren Auffassung abgewandt, indem es z. B. entscheidet: Eine Darlehnsschuld, die ein Mitglied einer in Preußen domizilierten offenen Handelsgesellschaft aufgenommen hat, um die Valuta als Einlage in die Gesellschaft einzubringen, haftet wirtschaftlich auf der Einkommensquelle. Ein wegen seiner Teilhaberschaft in Preußen beschränkter Steuerpflichtiger ist deshalb berechtigt, die Zinsen von seinem steuerpflichtigen Einkommen in Abzug zu bringen. (E. u. StG. Band X, S. 20.)

Gleichzeitig verbindet sich mit dem preußischen Verfahren aber auch der nicht zu unterschätzende Vorteil, daß ein zu weit gehendes Eindringen in persönliche Verhältnisse vermieden wird. Ganz abgesehen von der ungerechten Verteilung der Steuerkräfte bei einer Veranlagung der Forensen im Verhältnis zum Gesamteinkommen wird durch dieses Verfahren u. E. das fremde Kapital abgehalten, im Inland sich werbend zu betätigen. Denn es ist offenbar für einen Amerikaner, der seine Farmen in Amerika besitzt und zufällig auch Grundbesitz z. B. in Baden hat, außerordentlich lästig, wenn er vor der badischen Steuerbehörde zur Begründung seiner auf badischem Grundbesitz lastenden Schulden auch den Jahresbetrag seiner auf amerikanischem Besitz lastenden Schuldzinsen angeben muß und auf Verlangen der Steuerveranlagungsbehörden die Richtigkeit auch dieser Angaben nachzuweisen hat[1]).

Diese Forderung der Angabe des Gesamtschuldenstandes, wie nicht weniger der übrigen Vermögens- und Einkommensteile geht unseres Erachtens viel zu weit und ist vom volkswirtschaftlichen Standpunkt aus in der Tat zu beachten.

Beschränkt man sich — wie in Preußen — auf den Nachweis des wirtschaftlichen Zusammenhangs von Schuld und Quelle, dann wird man, ohne sich des Vorwurfs inquisitorischen Verfahrens schuldig zu machen, verlangen können, daß der Steuerpflichtige den Betrag der einzelnen Schulden, den Zweck der Schuldaufnahme, die Gläubiger, sowie die Verträge und sonstigen Rechtstitel, auf denen die Schulden beruhen, bezeichnet, und wird verlangen können, daß Urkunden und Schriftstücke, die über die Schuldverhältnisse Aufschluß geben können, insbesondere Quittungen über Kapitalabzahlungen und Zinszahlungen vorgelegt werden. Das alles wird nicht als lästig empfunden werden, weil der Abwesende gar nicht nach seinen übrigen persönlichen Verhältnissen gefragt wird, sondern nur Aufschluß geben soll über seine hiesige Quelle[2]).

---

[1]) Vgl. Badische Vollzugs-Verordnung zum Eink.-Steuer-Ges.

[2]) Im Hinblick auf die großen Fortschritte, welche die Novelle zum preußischen Eink.-Steuer-Ges. gebracht hat, können wir uns mit dem neuerdings gefällten Urteil des OVG. Nr. II 2295 nicht einverstanden erklären, welches den § 8 II des Eink.-Steuer-Ges. für die Gemeindebesteuerung deshalb unanwendbar erklärt, weil im speziellen Falle das Einkommen in der Wohnsitzgemeinde ausnahmsweise kleiner ist als die abzuziehenden Schulden.

Mit der von uns geforderten selbständigen Veranlagung des Reinertrags der forensalen Quelle könnte die Vermutung aufsteigen, daß diese ganz ohne Rücksicht auf die im allgemeinen geltenden Veranlagungsgrundsätze der Subjektsteuer geschehen sollte; dies wäre jedoch zu verneinen. Abgesehen von den berührten Punkten, müßten wir, wie das auch im KAG. § 36 geschehen ist, verlangen, daß, wenn sich das der Gemeindeeinkommensteuer unterliegende Einkommen nicht oder nicht vollständig mit dem der Staatseinkommensteuer unterliegenden deckt, der dem Zuschlag zugrunde zu legende Steuersatz nach den für die Veranlagung der Staatseinkommensteuer geltenden Vorschriften zu ermitteln ist.

Diese Forderung muß gestellt werden, um nicht zu Ergebnissen zu kommen, wie sie sich bei der bekannten Autonomie der sächsischen Gemeinden gezeigt haben, wo der Begriff „Reineinkommen" in den verschiedensten Variationen zu finden ist. Hier wird man sich die Grundsätze, welche die langjährige Praxis der Staatsveranlagung für die besten erkannt hat, zunutze machen müssen, schon um in Harmonie mit dem in verschiedenen Forensalgemeinden veranlagten Einkommen, mit dem staatssteuerpflichtigen Gesamtreineinkommen am Wohnsitz zu bleiben. (§ 51 KAG.)

Schluß.

5. Kapitel.

Vorschläge betreffend die weitere Ausgestaltung der Besteuerung der Forensen.

a) Ein besonderer Steuertarif für den Forensen.

Den wichtigsten Einwand, den man gegen eine Forensenbesteuerung hervorholen kann, ist der, daß diese Besteuerung dem Prinzip der Progression widerspricht; in der Tat kann sich eine Person dadurch höherer Steuer entziehen, daß sie ihr Vermögen an verschiedenen Orten werbend anlegt. Gegen diese Tatsache läßt sich nicht vorgehen. Der Staat kann seinen Individuen nicht vorschreiben, wo sie ihr Vermögen werbend anlegen sollen.

Die Steuerpolitik muß aber aus bekannten Gründen vermeiden, daß eine Vergünstigung der Forensen im Verhältnis der Belastung zu einem anderen Einwohner der Steuergemeinde infolge Anwendung des progressiven Steuertarifes entsteht.

Nach preußischem Steuerrecht muß ein Ausmärker, der 5000 M Einkommen aus Grundbesitz bezieht, 118 M Einkommensteuer zahlen. Ein ansässiger Landwirt, der zwei Güter getrennt bewirtschaftet, wovon jedes 5000 M Einkommen abwirft, wird nicht zu 2×118 M = 236 M Einkommensteuer, sondern zu 300 M veranlagt; das denselben Reingewinn abwerfende Gut des anwesenden Landwirts wird also um 32 M höher belastet als das des Forensen.

Diese im Prinzip der progressiven Besteuerung begründete Vergünstigung der Forensen gegenüber der übrigen steuerpflichtigen Bevölkerung hat man z. B. in Sachsen mit dem radikalen Mittel beseitigen wollen, daß man die Steuersätze für die Forensen in einer Gemeinde verdoppelte[1]).

Das Ministerium des Innern versagte freilich hierzu seine Zustimmung mit folgender Begründung:

„Es sei anzuerkennen, daß durch Weglassung obiger Bestimmung in vielen Fällen ein Mißverhältnis zwischen der Besteuerung vom Grundbesitze im Orte wohnender und der außerhalb wohnenden Gemeindemitglieder zugunsten der letzteren stattfinden würde, da infolge des dem Regulativ zugrunde liegenden Prinzips der progressiven Einkommensteuer ein und derselbe Einkommensbetrag, je nachdem er mit anderen Einkommensbeträgen oder allein zur Einschätzung gelange, einer höheren oder niedrigeren Besteuerung unterliege. Es könne daher an und für sich nur für gerechtfertigt angesehen werden, wenn von der Gemeindevertretung darauf Bedacht genommen wird, diese Ungleichheit in der einen oder anderen Weise zu beseitigen. Wenn dieselbe jedoch diesen Zweck dadurch zu erreichen gemeint habe, daß sie die Verdoppelung des Steuersatzes für den Forensen vorschreibe, so werde zunächst nicht verkannt werden können, daß der Erfolg dieses Verfahrens sich sehr verschieden äußern würde. Denn je nachdem bei einem im Orte wohnenden Grundstückbesitzer ein größerer oder geringerer Betrag von Einkommen aus anderen Einnahmequellen in Zurechnung komme, werde der auf den Grundbesitz zu rechnende Steuerbetrag dasjenige, was ein Forense für Grundbesitzeinkommen von gleicher Höhe unter Anwendung des an die Stelle der Progression gesetzten doppelten Steuersatzes zu entrichten habe, bald übersteigen, bald noch nicht erreichen und nur zufällig mit demselben zusammenfallen."

In der Tat ist mit einem solchen Verfahren deshalb nicht viel erreicht, weil hierdurch mit besonderer Härte gegen jene Forensen vorgegangen würde, sobald sie keine anderweitigen Einkünfte aufweisen könnten, was volkswirtschaftlich nicht zu empfehlen ist.

Der Grundgedanke, der hier zum Ausdruck kommt, ist richtig: der Forense, der in der Gemeinde eine Sonderstellung

[1]) Vgl. Bosse, Rev. Städte-Ordnung 1898, S. 45.

einnimmt, indem eben seine Wohnsitzgemeinde nicht mit der Erwerbsgemeinde zusammenfällt, kann, soweit es sich um eine Belastung durch die Steuer handelt, nicht nach denselben Gesichtspunkten beurteilt werden wie die übrigen Einwohner. Es können offenbar für ihn nicht dieselben Steuersätze Anwendung finden, welche für die anwesenden Personen im Hinblick auf ihre gesamten wirtschaftlichen und persönlichen Verhältnisse zur Anwendung kommen. Es widerspricht offenbar dem Grundsatz der Belastung nach der Steuerfähigkeit, wollte man die der allgemeinen Steuerpflicht entsprechende Steuerskala anwenden auf jene, welche „beschränkt" steuerpflichtig sind. Um die Vergünstigungen der Forensen auf ein Minimum zu beschränken, wird man einen besonderen Steuertarif für diese fordern müssen. Anderenfalls könnte folgender Fall eintreten, wenn man nämlich nach dem bisherigen Gebrauch nur den einen Steuertarif anwendete:

Eine Person, die neben ihrem Einkommen von 450 M in der Wohnsitzgemeinde ein Forensaleinkommen von 450 M (von Grundbesitz oder Gewerbebetrieb) bezieht, würde nach preußischem Recht gemeindesteuerfrei bleiben; — lediglich infolge des besonderen Umstandes, daß ihr Einkommen aus verschiedenen Gemeinden stammt, genießt der Zensite an zwei Orten die Vergünstigung des Existenzminimums. Wären die 900 M Einkommen dagegen am Wohnsitz erworben, so hätte der Steuerpflichtige 5 M Gemeindeeinkommensteuer zu zahlen.

Schon um solche Steuerausfälle neben genannten Vergünstigungen der Forensen zu vermeiden, ist dringend zu verlangen, daß das Forensaleinkommen ebenso, wie es unabhängig vom Gesamteinkommen einzuschätzen ist, auch einer besonderen Belastung durch besonderen Tarif unterworfen wird, so zwar, daß jedes forensale Einkommen ohne Abzug progressiv belastet wird.

Dieser besondere Forensaltarif darf jedoch nur Anwendung finden, wenn eine Veranlagung am Wohnsitz zur Gemeindeeinkommensteuer stattfindet. Ist dies nicht der Fall, so wäre die Anwendung des allgemeinen Steuertarifs zu fordern.

Wir halten die Anwendung des besonderen Tarifs für die Fälle, daß das Gesamteinkommen als Forensaleinkommen unter dem landesüblichen Existenzminimum bleibt, die Wohnsitzgemeinde also kein Besteuerungsrecht hat, nicht für empfehlenswert; denn in diesen Fällen würde eine Besteuerung der Forensen ohne Rücksicht auf die sonstigen Umstände, unter denen das Forensaleinkommen entsteht, einen Verstoß gegen das Prinzip der Steuer nach der Steuerfähigkeit bedeuten. —

Die durch die Belastung der Forensen vermittelst des allgemeinen Steuertarifs hervorgerufene Vergünstigung hat man auch bei Beratung des neuen Einkommensteuergesetzes, z. B. in Württemberg und Oldenburg, für nicht berechtigt empfunden.

Art. 5 Abs. 2 des Württ. Eink.-Steuers-Ges. anerkennt für den Forensen ein „außerordentliches Existenzminimum". Die Erwägungen, welche hierzu geführt haben, decken sich mit den von uns angeführten. „Das ordentliche Existenzminimum ist ein Korrelat zur allgemeinen Einkommensteuerpflicht und daher nur von denjenigen Staaten zu gewähren, welchen der Steuerpflichtige seine allgemeine Einkommensteuer zu leisten hat (Wohnsitzstaat). Nur ein Staat, dessen Besteuerung die gesamte steuerliche Leistungsfähigkeit des Pflichtigen unterliegt, kann und muß das Mindestmaß dieser Leistungsfähigkeit unter Abwägung aller Verhältnisse festsetzen.

Ein Staat dagegen, welchem ein Besteuerungsrecht nur an einzelnen Steuerobjekten (!) zusteht, hat keine Veranlassung, wegen einer solchen beschränkten Steuerpflicht dem Pflichtigen eine Steuerfreiheit zu gewähren, welche mit Recht nur auf Grund einer Untersuchung und Feststellung der gesamten steuerlichen Leistungsfähigkeit beansprucht werden kann[1]).

Besonders konsequent hat Oldenburg in seinem neuen Eink.-Steuer-Ges. v. 12. Mai 1906 die Frage der Belastung des Forensaleinkommens gelöst. Der Forense in Oldenbung wird

[1]) Vgl. auch Eink.-Steuer-Ges. in Sachsen § 6 Nr. 8. Diejenigen, deren Jahreseinkommen den Betrag von 400 M nicht übersteigt, sind befreit von der Einkommensteuer: jedoch mit Ausnahme der außerhalb Sachsens wohnenden Besitzer sächsischer Grundstücke und Gewerbeetablissements, welche das Einkommen aus diesen, wenn dasselbe den Betrag von 400 M nicht übersteigt, (trotzdem) nach den für die untersten Klassen bestimmten Sätzen zu versteuern haben.

durch die Vorschrift des Art. 20 II mit einem mindestens $2^1/_2$ Proz. des Einkommens absorbierenden Steuersatz getroffen[1]).

Damit wird die Vergünstigung des Forensen gegenüber dem Staatsangehörigen gründlich aufgehoben; denn letzterer wird erst bei einem Einkommen von 10000 M mit $2^1/_2$ Proz. belastet.

Auch in Oldenburg lautet die Begründung ganz in unserem Sinne: Die Steuerpflichtigen haben nach ihrer Leistungsfähigkeit zu steuern. Bei den einheimischen Steuerpflichtigen deckt sich die Leistungsfähigkeit in der Regel mit ihrem hiesigen Einkommen. Eine solche Regel trifft dagegen nicht zu hinsichtlich derjenigen Steuerpflichtigen, welche auswärts wohnen und im Herzogtum nur einer beschränkten, sachlichen Steuerpflicht unterworfen sind. Im Gegenteil kann bei diesen, soweit sie hier vom Grundbesitz oder aus Gewerbebetrieb Einkommen beziehen und dieses Einkommen kein erhebliches ist, gemutmaßt werden, daß sie auch noch sonstiges Einkommen haben. Andernfalls würden sie voraussichtlich, um einen größeren Betrag zu erzielen und um billiger zu leben, auf ihrem Grundbesitz wohnen und den Betrieb selber wahrnehmen. Aus dem Obigen ergibt sich, daß es nicht gerechtfertigt ist, bei den vom Grundbesitz oder Gewerbebetrieb steuernden Auswärtigen in den unteren Stufen die Steuer so niedrig zu bemessen, wie es bei den Einheimischen geschieht; vielmehr muß bei der Bemessung der Prozentsatz einer höheren Stufe zugrunde gelegt werden.

Wir werden im nächsten Kapitel dafür eintreten, daß nicht nur Gehalt und Pensionen dem Staat oder der Gemeinde der Entstehung gewahrt bleiben, sondern auch Einkommen aus gewinnbringender Beschäftigung jeder Art; es ist nun nicht unsere Meinung im Gegensatz zu Oldenburg, daß diese Art von Forensaleinkommen von der Belastung durch den besonderen Steuertarif ausgeschlossen werden soll.

Oldenburg begründet diesen Schritt folgendermaßen: Bei den auswärtigen Pensionsbeziehern usw. ist von einer entsprechenden besonderen Belastung abgesehen, weil:

---

[1]) Art. 20 II lautet: „Für die nach Art. 2 Ziff. 2 u. 3 Steuerpflichtigen (Forensen) beträgt die Jahressteuer mindestens $2^1/_2$ Proz. des Mindesteinkommens ihrer Stufe."

1. die meisten Beamten Vermögen nicht erübrigen (!) und nur ein kleiner Teil aus anderen Quellen Vermögen zu besitzen pflegt,
2. eine Feststellung des sonstigen Einkommens in jedem einzelnen Falle praktisch zu schwierig sein würde.

Den ersten Einwand weisen wir wegen seines verallgemeinerten Charakters als hinfällig ab. Wenn es sich aber zur Vermeidung von Härten darum handelt, die sonstigen Vermögensverhältnisse eines Beamten klarzulegen, so glauben wir doch für unsern Fall in einer festgestellten Veranlagung am Wohnsitz zu persönlicher Steuer eine genügende Handhabe zu erhalten, welche, ohne große Schwierigkeiten zu verursachen, die Zweifel lösen kann. Unseres Erachtens ist aus diesen Gründen eine verschiedene Belastung des Forensaleinkommens nach Quellen nicht gerechtfertigt. —

b) Die Ausdehnung des forensalen Steuerrechts auf Einkommen aus gewinnbringender Beschäftigung.

1. Allgemeines (die Forderung).

Trotz Anwendung der bisher geschilderten Steuerpolitik, deren Wesen darin besteht, daß die Steuerkräfte dem Verband erhalten bleiben, kann doch infolge wirtschaftlicher Entwicklung einerseits, der fluktuierenden Bevölkerung andererseits besonders in großstädtischen Gemeinwesen die Tendenz beobachtet werden, daß bedeutende Steuerkräfte diesen Zentralen verloren gehen.

Es steht in erster Linie eine Auswanderung besonders steuerfähiger Elemente nach den Vororten aus ästhetischen Gründen vorn an. Einige statistische Untersuchungen haben uns dies nachgewiesen[1]).

---

[1]) Vgl. insbesondere:

Georg Haberland, Groß-Berlin 1904.

Adolf Wagner, Die finanzielle Mitbeteiligung der Gemeinden 1905.

Dr. Hottenrott, Zur Frage der sogen. Residenzpflicht der Beamten. Frankfurter Zeitung v. 30. Aug. 1907.

Absolute Zahlen	Einkommensteuer Zensitenzahl	Einkommensteuer Steuersumme 1000 M	Vermögenssteuer Zensitenzahl	Vermögenssteuer Steuersumme 1000 M
		Berlin		
1896	327 317	20 469	53 782	4 030
1901	429 491	26 629	54 488	4 236
1902	432 383	25 838	56 836	4 242
		Charlottenburg		
1896	23 514	2 214	6 402	489
1901	43 228	4 527	8 620	710
1902	44 708	4 785	10 634	944
		Schöneberg		
1901	22 467	1 227	3 616	161
1902	25 622	1 549	5 486	261
		Rixdorf		
1901	17 805	334	1 118	31,5
1902	19 267	360	1 314	38

Aus dieser Aufstellung ergibt sich, daß sich die Zahl der Zensiten der Einkommensteuer in Berlin (physische Personen) noch nicht um $^1/_3$, in Charlottenburg um fast das Doppelte, der Steuerbetrag dorten nur um ca. $^1/_4$, hier sich um das Doppelte vermehrt hat. Noch bessere Nachweise über die Abwanderung reicher Leute nach den Vororten gibt folgende Darstellung:

Absolute Zensitenzahl der Vermögenssteuer Vermögensklassen	Berlin 1899	Berlin 1902	Charlottenburg 1899	Charlottenburg 1902
6 000— 20 000 M	16 752	19 019	1790	2225
20 000— 32 000 -	7 523	7 965	1043	1188
32 000— 52 000 -	7 192	7 523	1183	1414
52 000— 100 000 -	8 783	8 568	1572	1921
100 000— 200 000 -	6 379	6 216	1338	1640
200 000— 500 000 -	4 879	4 639	1140	1434
500 000—1 000 000 -	1 686	1 644	363	530
1 000 000—2 000 000 -	830	799	137	222
über 2 000 000 -	476	503	54	60

Neben diesem Zug nach den Vororten zwingen aber auch die Verhältnisse der Großstadt einerseits den Kleingewerbetreibenden, andererseits die Großindustrie, hinauszuziehen in die Vororte, wo die Produktionsbedingungen günstiger sich gestalten. „Noch in den Dörfern an den Abhängen der Bergstraße", sagt Landmann[1]), „im Odenwald und in der Rheinebene finden sich in einer mit der Entfernung von Mannheim abnehmenden Stärke Niederlassungen des Mannheimer Industriekapitals. Der Zug nach dem Lande wird in erster Linie durch den niederen Preis des Grund und Bodens und die niedrigen Löhne der Arbeiterschaft hervorgerufen."

Sehr treffend spricht ein Artikel der „Württembergischen Zeitung" vom 23. Mai 1908 von den „industriellen Forts Stuttgarts", dessen Verfasser von den Orten Feuerbach, Cannstatt, Obertürkheim sagt, daß sie ihre „ganz rapide Entwicklung" der Hauptstadt verdanken. Denn während die Großindustrie in den 1830er und 1850er Jahren hinter den Mauern der Städte Unterkunft suchte, wurde sie in den letzten Jahren durch hohe Steuern, sehr hohe Arbeitslöhne, teure Lebenshaltung der Angestellten, hauptsächlich aber auch durch hohe Grund- und Mietspreise mehr und mehr von der Großstadt abgestoßen und in nahe gelegene Vororte verdrängt[2]).

Sind sonach die erwähnten Umstände die Ursachen bedenklicher Verschiebungen von Steuermitteln zu Ungunsten der großen Städte, so ist es im Interesse dieser dringend geboten, eine Lücke in der Steuergesetzgebung, welche bereits das DBG. aufweist, auszufüllen, welche geeignet ist, diese ungünstige Stellung der großen Gemeinwesen noch zu verschlimmern. Das DBG., welches — wie wir schon gesehen haben — von dem Grundsatz gerechten Entgels beherrscht ist, indem es Einkommen aus Grundbesitz und Gewerbebetrieb dem Orte der Lage zuweist, durchbricht dieses Prinzip, so weit es Einkommen aus „gewinnbringender Beschäftigung" mit Ausnahme von Gehalt usw. aus Staatskassen unter allen Umständen dem Wohnsitzstaat zur Besteuerung überläßt.

Man erkennt die Ungerechtigkeit dieser Politik, wenn man sich klar macht, daß hierdurch die Erwerbsgemeinde auf

---

[1]) Verfassung u. Verw.-Organisation der Städte. Schr. d. V. f. S. P., Bd. IV, 1906, S. 121.

[2]) Vgl. hierzu auch betr. Berlin v. Nostitz-Wallwitz, Die Kommunalbesteuerung in den Vororten. Fischers Zeitschrift 1900, S. 201.

jene auf dienstliche Verhältnisse zurückzuführenden Einkünfte, zu deren Entstehung sie doch in hohem Maße beigetragen hat, ohne jedes Entgelt zugunsten der Wohnsitzgemeinde verzichten muß. Vom Standpunkt einer Steuer nach dem Vorteil muß es gleichgültig bleiben, ob das Einkommen aus Eigentum herrührt, oder ob seine Quelle ein Vertragsverhältnis ist. Der Gewerbetreibende sowohl wie der Angestellte hat an seiner Arbeitsstätte (Gemeinde) ein gleichartiges Interesse; der Grad dieses Interesses ist bei beiden freilich grundverschieden. Indem bei ersteren die Verbindung eine viel intensivere ist, ist bei letzterem das verbindende Band das „öffentliche Interesse" schlechthin (vgl. später).

Geht aus diesem kurzen Hinweis hervor, daß das Einkommen aus gewinnbringender Beschäftigung keine andere Behandlung erfahren darf, wie Einkommen aus Gewerbebetrieb usw., also **auch** ohne Rücksicht auf den Wohnsitz der Person am Arbeitsort zu versteuern ist, so tritt die Bedeutung dieser Forderung noch mehr hervor, sobald man eine Umschau hält:

1. wieviel Personen besonders in großen Städten ihren Verdienst haben, dort also keine Einkommensteuer zahlen nur, weil sie dort nicht wohnen; und wie
2. gerade die bedeutenderen öffentlichen Einrichtungen der großen Städte speziell den Auswärtswohnenden zum Vorteil sind.

Wie der Magistrat der Stadt Berlin in einer Petition an den preußischen Landtag (vgl. später) nachweist, daß die Zahl der in Privatbetrieben beschäftigten Angestellten, die ihren Wohnsitz außerhalb Berlins haben, im Jahre 1900 auf rund 55000 angestiegen war (Prokuristen, Direktoren, Handlungsgehilfen) gibt uns die württembergische Volkszählung vom 1. Dezember 1900 einen Aufschluß über das Auseinanderfallen von Wohnsitz und Arbeitsgemeinde für Stuttgart[1]).

---

[1]) Vgl. Württembergische Jahrbücher, Stuttgart 1903, S. 186.

Stuttgart als Arbeitsort, aber nicht als Wohnort haben:

Berufabteilungen	Selbständige	Höheres Personal (kaufm. und techn.)	Arbeiter
Landwirtschaft	15	—	120
Bergbau, Hüttenwesen, . . Industrie und Bauwesen .	60	144	6952
Handel und Verkehr . .	—	239	808
Häusliche Dienste . . .	—	—	64
Militär-, Hof- und bürgerlicher Dienst	2	92	83
zusammen	77	475	8027

Zeigt uns diese Tabelle, daß die Zentrale einer großen Reihe von Personen aus allen sozialen Klassen und Berufen eine Erwerbsgelegenheit bietet, ohne daß sie doch zugleich auch Wohnsitzgemeinde zu sein braucht, so läßt sich auch leicht nachweisen, daß gerade die bedeutenden Aufwendungen der Erwerbsgemeinde zum großen Teile jenen Ausmärkern zugute kommen.

Wir denken hier vor allem an die Tatsache, daß die Bewohner der Vororte großer Städte vor allem an der Zentrale und deren Instituten, ebenso wie deren Bewohnerschaft selbst reges Interesse haben. Ist der Vorort, besonders für die besitzenden Klassen, nur der Ruhe und Erholungsort, so ist die Hauptstadt dazu bestimmt, ihre kulturellen und wirtschaftlichen Interessen zu fördern.

Um nur ein treffendes Beispiel für die hier gestellte Behauptung anzuführen, möchten wir darauf hinweisen, daß 11,4 % der Besucher städtischer Gymnasien in Berlin Schüler sind, deren Eltern auswärts wohnen[1]). Fördert somit die City direkt die Interessen Fremder, so sind gerade die wichtigeren Unternehmungen, über welche die Städte im öffentlichen Interesse die Regie übernehmen, z. B. Straßenbahnen, Hoch- und Untergrundbahnen, Wasserleitungen, indirekt von eminenter Bedeutung für jene Ausmärker, weil sie in erster Linie ermöglichen, sich außerhalb der gewöhnlich durch teuere Preise sich auszeichnenden Erwerbsgemeinde niederzulassen.

[1]) Vgl. „Petition der Stadt Berlin“.

„Der Einfluß städtischer Kultur“, sagt Dove[1]), „wirkt günstig auch auf die Umgebung nicht nur in allgemein wirtschaftlicher, sondern auch in landschaftlicher und landwirtschaftlicher Hinsicht. Gerade die Umgebung mit ihren aus dem märkischen Sande hervorgegangenen Parks und Gärten mit ihrer intensiven Kultur kann als Beweis dafür dienen. Die Großstadt selbst als Kommune, welche ihre Wohlfahrts- und Pflegeanstalten, ihre für die Versorgung der Bevölkerung erforderlichen Betriebswerke mehr und mehr aus dem Weichbild heraus verlegt, trägt wesentlich zur Besiedlung und wirtschaftlichen Hebung der Nachbarschaft bei.“

Ist dem aber so, trägt die Gemeinde nicht nur ihren Angehörigen, sondern auch denen anderer Gemeinwesen Vorteile zu, so kann sie auch nicht sich darauf beschränken, die Mittel zur Deckung ihrer Ausgaben allein von ihren Angehörigen zu verlangen, sie muß vielmehr das Recht haben, auch jenen eine Steuer abzuverlangen, welche mit ihr durch den Erwerb verbunden sind, welche positiv Gewinn durch sie erhalten. Dieses Prinzip der Entgeltlichkeit, welches auf dem Wege der Steuer freilich schwer durchzuführen ist, hat die besonnenen Gemeinden auch auf anderem Wege zu ihrem Ziele kommen lassen, indem sie eine Pauschalsumme als Entgelt von der durch ein städtisches Unternehmen besonders begünstigten Vorortgemeinde verlangte. Eckenheim, ein Vorort von Frankfurt a. M., hatte lange zu kämpfen, bis sich die Zentrale dazu entschloß, den Ausbau des Straßenbahnnetzes bis Eckenheim zu verlängern. Der Vertrag, welcher den Abschluß brachte, enthielt folgende Bestimmungen:

Die zum Bahnbau erforderlichen Gelände hat Eckenheim kosten- und lastenfrei zur Verfügung zu stellen und dazu der Stadt Frankfurt a. M. noch auf die Dauer von 20 Jahren jährlich einen Betrag in Höhe der Hälfte der jeweiligen Eckenheimer Währschaftssteuer zu leisten[2]).

---

[1]) Verfassung und Verw.-Organisation der Städte, Bd. I, S. 105.

[2]) Währschaftssteuer = „Währschaftsgeld“, welches bei Besitzveränderungen erhoben wird, eine mit der dortigen Hypothekeneinrichtung zusammenhängende Institution; vgl. Frankfurter Verordnung vom 16. März 1820.

Bringt uns dieses Verfahren auch unserer Idee der „Vorteilsausgleichung“ näher, so hat es doch bedenkliche Mängel, weil es geeignet ist, die Ausführung wirtschaftlich notwendiger Verkehrseinrichtungen usw. so lange zu hemmen, bis solche Verträge zustande kommen; anderseits trägt aber jener Weg dem Prinzip genereller Entgeltlichkeit nur unvollkommen Rechnung, sofern — wenigstens im vorliegenden Falle — eigentlich nur die Eckenheimer Grundbesitzer zu einem Entgelt herangeholt werden, während die übrige Bevölkerung, besonders soweit sie in Frankfurt a. M. ihren Erwerb findet, also doch dieselben Vorteile von der Verbindung mit der Stadt hat, nur in den seltensten Fällen zur Tragung der Kosten mit herangezogen wird.

Damit Staat und Gemeinde hier ein Fundament gewinnen und nicht gezwungen sind, infolge ihrer Ausgaben die Opfer der Angehörigen des Gemeinwesens ungebührlich zu erhöhen, muß eine rationelle Forensensteuer einsetzen, d. h. es muß Staat und Gemeinde nicht nur das Einkommen aus Grundbesitz und Gewerbebetrieb ohne Rücksicht auf den Aufenthalt der Person besteuern dürfen, sondern es muß ihnen auch das Recht gegeben werden, alle Einkommen, soweit sie Einkommen aus gewinnbringender Beschäftigung darstellen, gleichfalls der Steuer unterwerfen zu dürfen, gleichgültig ob die Person in der Gemeinde wohnt oder nicht.

Es ist uns wohl bewußt, daß man der von uns gestellten Forderung der Überweisung des Einkommens aus gewinnbringender Beschäftigung an die Erwerbsgemeinde den Einwand entgegenhalten wird, daß dadurch der Wohnsitzgemeinde fast alle Steuermittel entzogen werden müßten. Dieser Vorwurf darf nicht in seiner Allgemeinheit für zutreffend gehalten werden; er ist nur gerechtfertigt, wenn als Wohnsitzgemeinden sogenannte „Arbeiterwohnsitzgemeinden“ in Frage kommen. Abgesehen davon, daß in fraglichen Fällen aber fast immer den geschädigten Gemeinden der § 53 KAG. zur Seite steht, infolgedessen sie von der Erwerbsgemeinde unter bestimmten Voraussetzungen eine Unterstützung erlangen können, wird es auch sehr selten vorkommen, daß alles Einkommen in der Gemeinde Arbeitseinkommen ist oder gar keine Vermögenswerte in derselben vorhanden sind. Im Gegenteil werden vielmehr gerade — dank der von uns vertretenen Politik — diese Vorortgemeinden wieder Steuerkräfte erhalten durch die aus der Großstadt flüchtenden industriellen Unternehmungen. Hier tritt recht deutlich die Folge unseres Territorial-Prinzips zu Tage: es ist vor allem geeignet, diejenigen Kräfte zu sichern, welche die Erwerbsgemeinde notwendig zur Erfüllung ihrer Aufgaben benötigt. Im übrigen sei noch darauf verwiesen, daß bei Einführung fraglichen Forensalsteuerrechts der Ausfall an Steuermitteln für die einzelne Wohnsitzgemeinde niemals von solcher Bedeutung sein kann, wie es verhältnismäßig der Verzicht der Erwerbsgemeinde auf alle eigentlich ihr zustehenden Steuerkräfte sein muß.

Auch sei bemerkt, daß wir mit dieser unserer Forderung durchaus nicht isoliert stehen. In den bevölkerten Schweizer Kantonen Genf, Bern, sind bereits die liberalen Berufe am Orte ihrer Berufstätigkeit steuerpflichtig.

Als ein Fortschritt erscheint es uns endlich, daß nach Durchführung des Vorschlags man nicht mehr gezwungen ist, den offenbar richtigen Beschluß des Bundesrates: „Daß Einkommen der Ärzte und Anwälte **kein** Einkommen aus Gewerbebetrieb sei", anzufechten oder gar das Verfahren Hamburgs nachzuahmen, welches von ihren Anwälten verlangte, daß sie ihren Wohnsitz aus den Vororten nach Hamburg verlegen.

2. Versuche der deutschen Gesetzgebung, Einkommen aus gewinnbringender Beschäftigung der Erwerbsgemeinde zu sichern.

Das DBG. hat bereits dem von uns geforderten Besteuerungsrecht Raum gegeben, aber leider nur teilweise. Indem § 4 sagt:

> „Gehalt, Pension und Wartegeld, welche deutsche „Militärpersonen und Zivilbeamte aus der Kasse eines „Bundesstaats beziehen, **sind nur in demjenigen „Staate zu besteuern, welcher die Zahlung zu „leisten hat,**"

kommt offenbar das Prinzip zum Ausdruck, daß der Stammgemeinde auch das Steuerrecht unter allen Umständen verbleiben solle. Die Beschränkung des § 4 lediglich auf „Beamten“-Gehälter mag dazu beigetragen haben, daß man die ratio legis gerade hier und besonders im Kommunalsteuerrecht so gründlich verkannt hat. Man findet wenigstens bezüglich der Besteuerung der Gehalte usw. bald im Gegensatz zum DBG. die Wohnsitzgemeinde des Beamten, bald im Einklang mit dem DBG. die Auszahlungsgemeinde ausschließlich berechtigt, während doch vom Standpunkt einer Steuer nach dem Interesse letztere man allein für die berechtigte bezeichnen kann. Wir können demgemäß auch die badische Bestimmung der Gemeinde- und Städteordnung nicht billigen, welche die Gehalte und Pensionen aus badischen Staatskassen von der Gemeindeeinkommensteuer befreit, wenn die Berechtigten im Großherzogtum keinen Wohnsitz haben. Offenbar hat man sich zu dieser ungerechtfertigten Befreiung für berechtigt gehalten, weil, wenn die Person in keiner badischen Gemeinde einen Wohnsitz hat, noch das Gehalt dort ausgezahlt wird (Staatskasse), auch kein Grund zur Steuer vorhanden sei. Wir möchten dieser Erwägung nicht zustimmen, da sie zu weitgehenden Verschiebungen der Steuerkräfte führen müßte; denn die Konsequenz wäre — und sie ist auch in Baden § 85 a. a. O. gezogen worden, — daß Gehalte und Pensionen aus Staats- und Gemeindekassen fremder Staaten unter allen Umständen in badischen Wohnsitzgemeinden besteuert werden. Diese Politik muß aber zu gefährlicher Doppelbesteuerung führen. Unseres Erachtens steht, vom Grundsatz gerechten Entgelts ausgehend, durchaus nichts im Wege, derjenigen Gemeinde, in welcher sich die zahlende Staatskasse befindet, auch das Recht der Besteuerung dieser Art von Einkommen — ohne Rücksicht auf den Aufenthalt der Person — zu geben, da sie doch zweifellos als die Erwerbsgemeinde angesehen werden kann.

Entschieden besser ist unsere Forderung in „Württemberg. Einkommensteuer-Gesetz“ Rechnung getragen worden, wenn es in Art. 3 lautet:

„Ausländer unterliegen ferner der Einkommensteuer „ohne Rücksicht auf die Dauer ihres Aufenthaltes in „Württemberg mit dem Einkommen aus den in „Württemberg betriebenen gewinnbringenden Be- „schäftigungen (Art. 6 Ziff. 4)“ [1]).

Wenn man hier auch nicht alle „Ausmärker“ am Erwerbsorte Steuer für ihr dort entstandenes Einkommen zahlen läßt, vielmehr nur Ausländer, so ist man doch nicht, wie im DBG. in den Fehler verfallen, die forensale Steuerpflicht nur auf eine gewisse Kategorie des Arbeitsverdiensteinkommens (Gehalt, Pensionen) zu beschränken, nach württembergischem Rechte werden vielmehr alle in Art. 6 Ziff. 4 genannten Einkommensarten, soweit deren Bezieher Ausländer sind, dem Lande gesichert, was vom Standpunkte einer Steuer nach dem Vorteil einen nicht unbedeutenden Fortschritt bedeutet. Der Vollkommenheit wie der Gerechtigkeit halber wäre jedoch dringend zu wünschen, daß § 4 des DBG. derart geändert würde, daß er das Einkommen aus gewinnbringender Beschäftigung überhaupt, und nicht nur Gehalte, dem Erwerbsstaat zuweist, da doch hiermit dem jetzt denkbaren Dualismus der Boden genommen wäre, indem die Staaten dann berechtigt wären, nicht nur das in Frage stehende Einkommen der Ausländer, sondern auch das der Angehörigen anderer Bundesstaaten zu erfassen.

---

[1]) Art. 6 Ziff. 4 lautet:

„Einkommen aus gewinnbringender Beschäftigung oder aus Beruf-, Dienst- oder Arbeitsverhältnissen sind:

1. Die Gehalts- und sonstigen Bezüge der im öffentlichen Dienste angestellten Beamten und Bediensteten;
2. Das Einkommen der im Privatdienst angestellten oder beschäftigten Personen, der Mitglieder des Vorstandes oder Aufsichtsrates von Erwerbsgesellschaften, der Handlungs- und Gewerbegehilfen, der Arbeiter und Dienstboten;
3. Gewinne aus schriftstellerischer, künstlerischer, wissenschaftlicher, unterrichtender oder erziehender Tätigkeit, das Einkommen der Ärzte, Rechtsanwälte, Ingenieure und dgl.
4. Wartegelder, Ruhegehalte, Witwen- und Waisenpensionen, ständige Unterstützungen und ähnliche mit Beziehung auf frühere Dienstleistung gewährte Bezüge.“ —

3. Die Bemühungen der Stadt Berlin um ein Steuerrecht auf Einkommen aus gewinnbringender Beschäftigung auswärts wohnender Personen[1]).

Die Berliner Stadtverordneten-Versammlung anerkannte im Februar 1905 einstimmig, daß es für die Großstädte mit Vororten als ein Mangel bezeichnet werden müßte, das eine große Zahl wohlhabender Personen, die in der Großstadt ihren Erwerb und in den Vororten ihren Wohnsitz haben, zu den Gemeindesteuern in ersterer nicht beitragen, während die Ausgaben auf Gebieten wie Krankenpflege, Schule usw. alljährlich steigen und die kommunalen Einrichtungen häufig von jenen benutzt werden. Es müsse daher Aufgabe bleiben, soweit wie möglich die Erweiterung des örtlichen Kreises der zur Gemeindeeinkommensteuer heranzuziehenden Personen anzustreben. Das Resultat dieser Beschlüsse war die in Rede stehende Petition des Magistrates.

Das den Grundsätzen gerechter Besteuerung durchaus entsprechende Gesuch der Stadtverwaltung erfuhr sowohl seitens der Regierung als auch seitens des Hauses der Abgeordneten eine u. E. völlig ungerechtfertigte scharfe Abweisung: es wurde ihr „Mangel von Augenmaß“ u. a. vorgeworfen!

Die Entgegnungen prinzipieller Art, die sowohl vom Vertreter des Ministeriums des Innern, Reg.-Rat Dr. Freund[2]),

---

[1]) Die Petition des Berliner Magistrats „um Änderung der §§ 33, 35, 60 des KAG. (Heranziehung des Einkommens aus gewinnbringender Beschäftigung zur Gemeindeeinkommensteuer derjenigen Gemeinde, in der die gewinnbringende Beschäftigung stattfindet, auch wenn sie nicht Wohnsitzgemeinde des Steuerpflichtigen ist)“, welche in Verbindung mit einer gleichen Petition des Vorstandes des Brandenburgischen Städtetages zu Spandau dem preußischen Abgeordnetenhaus vorgelegt worden ist, wurde von der Regierung wie vom Hause abgelehnt. Vgl. Drucksachen Nr. 411 vom Jahre 1907, Band 5. — Die Materialien, auf welche sich die Petition stützt, waren mir leider nicht zugängig.

[2]) Vgl. auch sein Schriftchen:

„Über die Abwanderung von Steuerzahlern aus der Stadt in die Vorortgemeinden“ und „Über die Petition der Stadt Berlin um Ausdehnung des Forensalsteuerrechts auf das Einkommen aus gewinnbringender Bewie vom Vertreter des Finanzministeriums, Oberfinanzrat Dr. Strutz, vorgebracht wurden, vermögen uns nicht von der Unhaltbarkeit einer Forderung der Ausdehnung des Forensalsteuerrechts auf in Frage stehende Einkommen zu überzeugen. Der Vertreter des Ministeriums des Innern führte aus:

„Gegen eine Berücksichtigung der in dem ersten Teile der Petition vorgetragenen Abänderungswünsche in dem für die Reform des KAG. auszuarbeitenden Plane hege er grundsätzliche Bedenken steuerpolitischer und steuertechnischer Art. In erster Beziehung sei davon auszugehen, daß die Tätigkeit der Gemeinden wohl auf das Einkommeu aus Gewerbebetrieb und Grundbesitz fördernd rückwirke, nicht aber annähernd in gleichem Maße auf das Einkommen aus gewinnbringender Beschäftigung. Wasserleitungen, Kanalisation, Beschaffung von Licht und Kraft, Herstellung und Unterhaltung von Schul- und Krankenanstalten, — kurz die wichtigsten Betätigungen der kommunalen Verwaltung wirken meliorierend auf Gewerbebetrieb und Grundbesitz, erhöhen die gewerbliche und Grund-Rente; Gewerbebetrieb und Grundbesitz seien mit der Gemeinde auf „Gedeih und Verderb“ verbunden. Das Einkommen aus gewinnbringender Beschäftigung, d. h. aus Handarbeit, aus der Tätigkeit im Amte oder in den sog. freien Berufen, habe diese wirtschaftliche Verbindung mit der Gemeindebetätigung nicht! Die Höhe des Gehalts bei Beamten und Offizieren, die Höhe des Lohnes bei Handarbeitern, der Verdienst bei Ärzten und Rechtsanwälten sei in erster Linie von ganz anderen Verhältnissen, — von den Staats- und den Gemeindefinanzen, von dem Arbeitsmarkte, von der Geschicklichkeit der Beteiligten usw. — abhängig. Nicht darauf komme es an, wie die Petition meine, wo die persönliche Tätigkeit, die dem fraglichen Einkommen zugrunde liege, ausgeübt werde, sondern darauf, ob die Gemeindeausgaben zu der Förderung dieser Einkommensarten in einem ursächlichen (!) [indi-

schäftigung“. — Sonderdruck aus dem „Preußischen Verwaltungs-Blatt“, Band 28, Nr. 50. Heymann.

viduellen?] Verhältnisse stünden, oder ob die gewinnbringende Beschäftigung der Gemeinde besondere Ausgaben (!) verursache. In dieser letzteren Richtung aber fehle der engere Zusammenhang." —

Der Vertreter des Finanzministeriums führte aus:

„Was nun die prinzipielle Seite der Frage anlange, so sei seinerzeit die ganze Forensalbesteuerung des Einkommens aus Grundbesitz und Gewerbebetrieb hervorgegangen aus der Erwägung, daß der Belegenheits- und Betriebsgemeinde ein Entgelt für die erwachsenden Lasten und die von ihr gebotenen Vorteile gewährt werden müsse, das damals durch Realsteuern nicht geboten werden konnte, weil infolge der starken Inanspruchnahme der Realsteuer durch den Staat die Gemeindebesteuerung ganz überwiegend auf die Einkommensteuer basiert war. Heute, nach dem Verzicht des Staates auf die Realsteuer, diene in erster Reihe diese dem Zwecke, jene Lasten und Vorteile auszugleichen. Wolle man also heute an der Forensalbesteuerung ändern, so liege der Gedanke näher — sie einzuschränken (!), als der, sie noch auszudehnen."

Und weiter heißt es:

„Die von der Petition angeführten Beispiele für die den auswärts wohnenden Beamten usw. zugute kommenden Veranstaltungen Berlins seien wenig beweiskräftig. Höhere Schulen hätten die Vororte selbst, für ihre Armen sorgten sie selbst, in einem steigenden Maße auch für eigene Krankenhäuser. Die Abnützung der Bürgersteige durch diese Personen auf ihrem Wege vom Bahnhof oder von der Straßenbahn zur Arbeitsstätte sei schon berührt. [Der Berichterstatter meinte: „Das Begehen der Berliner Straßen seitens der Vorortbewohner verursache der Altstadt keine erheblichen Kosten!] In den Stunden, in denen sie sich des Erwerbs wegen in Berlin aufhielten, pflegten diese Personen auch die Berliner Straßenbeleuchtung nicht zu genießen. Die Berliner Garten- und Parkanlagen pflegten aber von den auswärts wohnenden Beamten, Angestellten und Arbeitern während ihrer Dienst- und Arbeitszeit, die sie in Berlin zubrächten, nicht frequentiert zu werden. Mit solcher Begründung könnte Berlin eher zur Forderung einer Steuer von den in Berliner Hotels wohnenden

Fremden kommen. Daß die Behörde, der Betrieb, die Arbeitsstätte sich in Berlin befinde, bedeute für die in den Vororten wohnenden Beamten doch nichts weniger als einen Vorteil: für sie wäre es viel bequemer und billiger, wenn die Behörde usw. sich auch an ihrem Wohnort, in dem Vorort, befände." —

Alle diese Einwände sind für jene überzeugend, welche in Staat und Gemeinde nur eine Institution erblicken, die lediglich dazu bestimmt ist, individuelle Interessen zu fördern. In der Förderung einzelner persönlicher Interessen ist aber die Aufgabe des Staats und der Gemeinde durchaus nicht erschöpft; sie geht bedeutend weiter: in der Pflege des öffentlichen Wohles überhaupt sehen diese ihre vornehmste Aufgabe.

Hiervon ausgehend, halten wir es aber auch nicht für richtig, bei der Anwendung des Prinzips „Leistung nach Gegenleistung" in Steuerfragen sich an den Wortlaut dieses Prinzips anzulehnen, da man dann leicht zu dem Schluß gelangen könnte, daß eine Steuer nach dem Vorteil nur dann berechtigt und anwendbar sei, wenn Wert und Kosten der öffentlichen Tätigkeit entweder sich berechnen lassen, oder doch jene Kategorien von Personen sich bestimmen lassen, denen die Vorteile aus Staats- und Gemeindeeinrichtungen sichtliche Vorteile (Benutzung der Park- und Gartenanlagen!) bringen. Dieser Schluß wäre aber ein einseitiger, weil er nicht beachtet, daß viele Personen, z. B. jene in Frage stehenden Ausmärker, in ebensolchem Maße an den eigentlichen öffentlichen Interessen beteiligt sein können wie die Gesamtheit der Einwohner. Dadurch, daß der Mittelpunkt ihrer wirtschaftlichen Tätigkeit in Berlin liegt, sind diese an den polizeilichen, den sanitären, den Verkehr vermittelnden Einrichtungen der Stadt Berlin nicht minder interessiert als die übrige Bevölkerung. Ihre völlige Steuerbefreiung müßte die Opfer der Einwohnerschaft, soweit sie diesen im öffentlichen Interesse aufgebürdet werden, ungerecht erhöhen. Hält man in diesen Fragen freilich immer nur daran fest, daß es im öffentlichen Verband nur gilt, „persönliche Interessen" zu schützen, dann kann man allerdings die Frage stellen, wo die Lasten eines Gemeinwesens bleiben, die sich eine Stadt für nicht anwesende Personen auferlegt, und vergeblich nach Vorteilen suchen, welche diese aus der Stadt ziehen (Freund a. a. O., S. 7).

Wir möchten hier die Frage aufwerfen: Sind die im öffentlichen Interesse, also nicht nur in jenem der Grund- und Gebäudebesitzer, der Gewerbetreibenden und der anderen Personen gestellten Anforderungen an eine moderne Großstadt nicht in weitgehendstem Maße auch von Angestellten, Beamten, die zufällig in den Vororten wohnen, veranlaßt, oder sind sie genau und nur von der Summe der Einwohner Berlins gewollt? — In jeder auch „nur ganz entfernten Beziehung des Individuums zu den Leistungen eines Kommunalverbandes" sehen wir die causa des Steuerrechtsanspruches.

Wir wenden uns hier zugleich auch gegen von Nostitz-Wallwitz, wenn er sich in seinem Kapitel „Die Besteuerung der Sommer und Winter im Vorort Wohnenden, aber in der Großstadt Beschäftigten" auf die Seite jener extrem individualistischen Richtung stellt und sagt: „Das Steuerrecht der Wohnsitzgemeinde, aus deren Einrichtungen der Zensite täglich Vorteil zieht, kann nicht in Zweifel stehen, wohl aber das der Beschäftigungsgemeinde. Ihr wird ein Anspruch nur dann zustehen, wenn die in ihrem Bezirk ausgeübte Tätigkeit ihrem Wesen nach von den wirschaftlichen Voraussetzungen abhängt d. h. nur dann, wenn ihre dauernde Beziehung zur Gemeinde an einem ohne weiteres erkennbaren Merkmal hervortritt! —

Auch hier tritt uns die Tendenz einer beschränkenden Anwendung des Prinzips „Leistung nach Gegenleistung" entgegen. Im Hinblick auf die Ausdehnung, welche die Begriffe „Wohnsitz" und „Gewerbebetrieb" im modernen Steuerrecht erfahren haben, hegen wir jedoch die Hoffnung, daß auch im Steuerwesen überhaupt eine freiere Auffassung der Besteuerungsgrundsätze Platz greift.

Zum Schlusse unserer Betrachtung möchten wir doch noch betonen, daß wir mit dieser unserer Forderung der Überweisung gewisser Einkommen an die Erwerbsgemeinde durchaus nicht die Rechte der Wohnsitzgemeinde kürzen oder deren Rechte unterschätzen wollen (Freund, S. 5).

Daß wir der Wohnsitzgemeinde das entsprechende Äquivalent bewilligen, welches sie für ihre zu erfüllenden Aufgaben beanspruchen kann, spricht sich in der Forderung aus, daß der Wohnsitz die allgemeine Steuerpflicht begründet. Verlangen müssen wir aber den Abzug jener Einkommen, welche aus Quellen stammen, die in anderen Finanzhoheiten entstehen.

Wenigstens finden wir es durch nichts gerechtfertigt, daß z. B. Charlottenburg neben dem Einkommen aus Kapitalvermögen eines hier wohnenden Arztes auch das Steuerrecht auf das Einkommen aus einer in Berlin liegenden Klinik beansprucht.

Auch die steuertechnischen Fragen „der Lokalisierung der gewinnbringenden Beschäftigung und der Berechnung der Erträge aus fraglichen Einkommensquellen" können wir — entgegen Freund — nicht als bedeutend genug erachten, um von der von uns gestellten Forderung abzusehen.

Was zunächst die Berechnung der Höhe des Einkommens betrifft, so sei darauf verwiesen, daß es sich hier — im Gegensatz zur Besteuerung am Wohnsitz — nicht darum handelt, die gesamte Steuerfähigkeit der Person festzustellen, vielmehr das Ziel erreicht ist, wenn der Reinertrag der Quelle festgestellt ist; dies dürfte aber nicht mit großen Schwierigkeiten verbunden sein, da es sich im vorliegenden Falle meist um eine auf ein Rechtsverhältnis sich stützende, abgerundete Summe handeln wird (Anstellungsvertrag, Gehalt) und abzugsfähige Schulden wohl kaum vorhanden sein werden.

Nicht so schwierig wie die Frage, wo das „Einkommen aus Gewerbebetrieb" entsteht, wird sich im Zweifel der Erwerbsort des Einkommens aus gewinnbringender Beschäftigung feststellen lassen.

Es kann unseres Erachtens nicht in Frage kommen, daß ein Reisender, der für ein Kaffeegeschäft die 40 Filialen besucht, sein Gehalteinkommen auf diese 40 Gemeinden zur Besteuerung verteilen müßte; vielmehr kann doch nur dort das Gehalt dieses Reisenden besteuert werden, wo die rechtsgültige Anstellung durch den Arbeitgeber bewirkt wurde; nur dieser Ort dürfte in Frage stehen, wenn die Petition der Stadt Berlin von einer „festen Arbeitsstätte" spricht.

Sie geht hier von der richtigen Ansicht aus, daß diejenige Gemeinde das Steuerrecht hat, der die feste Arbeitsstätte gemeindezugehörig ist.

Für Beamte, Anwälte, Lehrer, Geistliche soll das Bureau, die Schule, die Kirche; für Künstler und Arzte das Atelier, das Sprechzimmer oder die Klinik die feste Arbeitsstätte sein.

Bezüglich der Privatangestellten, der Handlungs- und Gewerbegehilfen, der „Arbeiter“ und Dienstboten soll der Inhalt der Annahmebedingungen, gegebenenfalls die Betriebsstätte des Arbeitgebers oder Geschäftsherrn, für die Besteuerung der festen Arbeitsstätte entscheidend sein. —

GPSR Compliance

The European Union's (EU) General Product Safety Regulation (GPSR) is a set of rules that requires consumer products to be safe and our obligations to ensure this.

If you have any concerns about our products, you can contact us on ProductSafety@springernature.com

In case Publisher is established outside the EU, the EU authorized representative is:

Springer Nature Customer Service Center GmbH
Europaplatz 3
69115 Heidelberg, Germany

Batch number: 10844655

Printed by Printforce, the Netherlands